KB035043

35세 인서울
청약의 법칙

청약·분양권 전문가가 알려주는 아파트 청약 당첨 전략

35세 인서울 청약의 법칙

월용이 지음

매일경제신문사

이 책을 활용해 청약에 성공한 이들의 증언

청약의 숨은 비법이 이 책 하나에 모두 담겨 있다. 청약 때마다 꺼내보게 되는 청약계의 바이블이다.

– 와치미

나만 보고 싶은 책. 청약정책이 수시로 바뀌는 것을 지켜보면서 대학입시와 비슷하다는 생각이 들었다. 저자는 청약분야의 족집게 강사다. 개개인의 가점과 자산에 따라 최고의 청약지를 안내해주는 능력이 탁월하다. 청약제도의 복잡한 변화 속에서 길을 찾고 싶은 사람들에게 추천해주고 싶은 책이다.

– 미소빠빠의 부자되기

청약이 절대 운이 아니라 전략이라는 것을 여실히 보여준 청약 교과서! 최근 수많은 부동산 책이 나왔지만 청약 위주로 다룬 책은 거의 보지 못했다. 청약통장을 가진 무주택자라면 망설이지 말고 세 번만 읽어보라.

– 신정

술술 읽다보면 청약 A–Z까지 알게 되는 책! **– 매콤한누나**

내 집 마련이 암울한 3040에게 빛이 되는 청약의 정석. **– 나스용샤**

많은 사람들이 로또 당첨을 꿈꾼다. 나에게 청약 당첨은 로또 같은 것이었다. 하지만 이 책을 본 후 청약은 로또가 아니라 완벽한 계산에 의한 결과물이라는 것을 깨달았다. 앞으로 이 책은 청약의 바이블이 될 것이다. **– 부자집**

나이 40이 넘도록 부동산을 전혀 몰랐던 '부알못'인 내게 내 집 마련과 더불어 투자수익 두 마리 토끼를 잡게 해준 최고의 투자지침서. 이 책을 여는 순간 새로운 인생을 시작하게 될 것이다. **– 진한**

날마다 치솟는 집값을 보며 한숨 쉬고 있을 사회초년생들에게도 꼭 읽어보라 추천해주고 싶은 국내 최초의 청약 책이다. **– 미스터빅**

청약 오타쿠가 골방에서 연구해왔던 당첨전략을 세상에 공개했다. 먼지 쌓인 청약통장을 처분하고 싶은 분들을 위한 필독서. **– 미소빠빠**

9년 동안 전월세를 전전하다 이 책 덕분에 서울에 내 집 마련했다. 무주택자들의 내 집 마련 필독서다. **– 470**

청약은 아무 곳에나 막 넣는 게 아니다. 망설이지 말고 읽어라. 당신과 당신의 가족이 꿈꾸던 곳에 살게 될 것이다. 이 책을 읽어라. 당신을 이끌어 줄 것이다. **- 앙깨비**

내 집 마련하기 위한 가장 현실적인 방법을 알려주는 책. **- 반석**

아는 만큼 당첨된다

2018년 1월 31일 금융결제원 기준 국내 청약통장 가입현황을 보면 총 가입자 수는 약 2,307만 명 수준이다. 그 중 1순위에 해당하는 가입자 수는 약 1,239만 명으로 전체의 절반을 넘는다. 대한민국 국민 4명 중 1명이 주택청약 1순위 조건을 갖고 있다는 뜻이다. 새 아파트 청약시장은 지역마다 시기마다 온도 차가 있지만, 좋은 입지에 시세보다 낮은 분양가로 모집하는 아파트는 청약경쟁률이 상상 이상으로 높아 '로또 아파트'라는 말이 나오기도 했다. 기껏해야 수백, 수천 세대의 한정된 새 아파트 모집에 청약자가 몰릴 수 밖에 없다.

이렇듯 누구나 갖고 있는 청약통장이지만 그만큼 쉽게 생각하는 것도 청약이다. 익숙한 것을 새로운 시각으로 보면 그 이면에 기회가 있는 것을 캐치할 수 있다. 다른 예긴 하지만 국가교육과정만 봐도 그렇다. 한국 학생들에게 무엇을 어떻게 가르치고 평가할지에 대한

종합 설계도임에도 불구하고 글로벌 환경과 국내 교육 환경에 따라 시시때때로 개정되곤 한다. 그리고 그 개정된 교육과정에 맞춰 학교와 학부모, 학생이 달리 적응할 수밖에 없다. 청약도 마찬가지다. 부동산 흐름과 국내외적 상황, 그에 따라 변하는 여러 정책에 대응하여 그 선택과 전략을 달리해야 한다.

문재인 정부 부동산정책으로 인해 특정 지역의 아파트 청약 1순위 조건이 바뀌었다. 2017년 8월 2일에 발표한 '실수요 보호와 단기투기수요 억제를 통한 주택시장 안정화 방안(이하 8.2대책)'에서 30대에게 가장 큰 충격을 준 것은 서울시 전체를 투기지역과 투기과열지구로 지정한 것이다. 이게 왜 충격일까? 전용면적 85㎡ 이하 당첨자를 100% 가점제로 선정한다는 내용 때문이다. 그 전에는 전용면적 85㎡ 이하 기준 가점제 40%, 추첨제 60%로 30대 신혼부부나 싱글족에게도 당첨기회가 충분히 주어졌다.

남녀 평균 초혼연령을 반올림해 남자 33세, 여자 30세라 하자. 이 시기 혼인과 동시에 남편이 주택청약통장을 가입하고 남편 기준 만 40세가 될 시점에 무주택을 유지하면서 자녀 2명을 낳았다면 가점은 51점(만점 84점)이 된다. 반면 결혼을 안 한 같은 나이의 남성이라면 가점은 36점이다. 요즘 서울 비인기 지역에서 분양하는 아파트도 가점 30점은 훌쩍 넘는 상황에서, '부러진 사다리'란 풍자가 피부로 느껴진다.

그럼에도 불구하고 방법은 많다. 싱글이라 할지라도, 축적된 자산과 소득이 넉넉하지 않은 신혼부부라 할지라도 방법을 모색하면 길은 의외로 많다. 지금부터 소개할 수십 개의 아파트 사례들은 분양 당시 치열한 정리와 분석을 통해 나는 물론 수강생과 지인들이 직접 청약을 했고, 꽤 높은 확률로 당첨을 경험한 바 있다. 어떤 아파트는 상세하게 어떤 아파트는 간략하게 각 장에서 말하고자 하는 목표에 맞춰 구성했다. 실제 청약을 하는 예비청약자들에게 매우 유용한 사례와 도구가 될 것이다. 청약이 한국의 내 집 마련 수단으로 계속되는 한 이 책은 청약자들에게 귀중한 지침서가 될 것임에 틀림없다.

지금부터 그 방법들을 풀어나가고자 한다. 정책과 규제는 계속 바뀌어간다. 단편적 상황을 나타내주는 뉴스만 보며 지레 겁먹고 내 집 마련을 포기하지 않았으면 한다. 딱딱한 내용을 조금씩 풀어가 보겠다. 청약과 관련된 기본 지식을 배우고, 그것을 토대로 실전 청약에 어떻게 적용할 수 있는지 함께 살펴보자.

책 200% 활용법

지금부터 서울, 인천, 수도권 전역에서 2015년부터 2018년까지 분양했던 수십 개의 아파트 사례를 소개할 것이다. 인터넷 검색으로 해당 단지와 평면을 화면에 띄워 같이 보는 것을 권장한다. 현장 모습을 보며 글을 읽는 것이 훨씬 이해하기 쉽다.

목 차

PART

02

청약 당첨은 결코 운이 아니다

PART

03

이미 오른 지역 오르고 있는 지역 앞으로 오를 지역

PART

04

청약 전략,
플랜B를 노려라!

PART

01

청약, 이것만은 무조건 알아야

아끼다 똥 된다

생애 첫 집을 아파트 청약으로 장만하려는 예비청약자가 많다. 그만큼 기대도 크다. 초품아(초등학교를 품은 아파트)에 도보 5분 내 초역세권, 병원과 운동시설 등 편의시설이 풍부하면서도 비교적 저렴한 아파트만 찾는다. 그런 아파트는 없다. 빨리 환상을 깨고 현실을 마주하자.

서울 강동구 고덕 재건축 아파트 중 2곳을 보자. 분양시기 1년 차이로 분양가가 어떻게 벌어지는지 표를 통해 살펴보자.

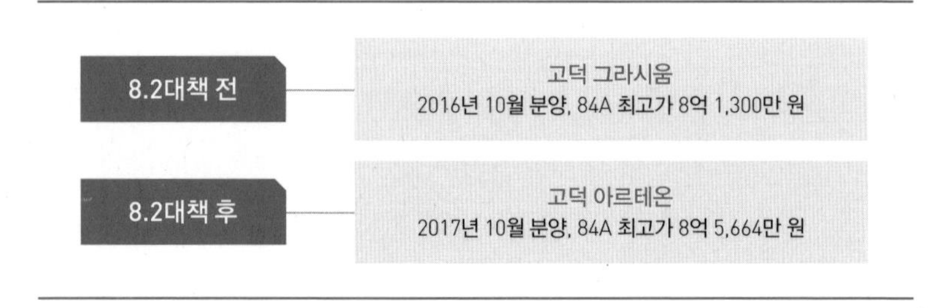

1년 차이로 벌어진 분양가, 고덕 재건축 단지 그라시움과 아르테온

	분양시기	분양가	중도금 대출	분양권 상태에서 총필요현금	전매기간
고덕 그라시움	2016년 10월	8억 1,300만 원	60%	8,130만 원	6개월
고덕 아르테온	2017년 10월	8억 5,665만 원	40%	약 2억 5,700만 원	전매불가

8.2대책을 기점으로 먼저 분양가가 올랐다. 1년 전과 비교하여 4,000만 원 이상 분양가가 오른 것이다. 규제 때문은 아니다. 분양 시장이 부동산 상승기와 맞물리면 먼저 분양했던 아파트의 프리미엄 상승분을 일정 부분 반영해 분양가가 책정된다. 고덕 그라시움을 분양할 때도 고분양가 논란이 있었다. 지금은 항상 비싸다. 그러나 돌아보면 저렴했다. 부동산 상승기에는 이것이 반복된다.

중도금 대출은 60%에서 40%로 줄어들었다. 8.2대책으로 인한 대출 축소 때문이다. 분양가 대비 60%에 해당하는 금액을 6회에 걸쳐 중도금 납부를 하는데 4회분까지만 중도금 대출이 가능하다면 남은 2회분은 순수 현금으로 납입해야 한다. 고덕 그라시움의 경우 규제 전 기준을 적용하기 때문에 계약금(분양가의 10%)만 납부하면 중도금 60% 대출이 가능해 입주까지 추가로 필요한 현금은 없다. 반면 고덕 아르테온의 경우 중도금 대출이 불가한 2회분에 해당되는 금액까지 합하여 총 2억 5,700만 원에 달하는 현금이 있어야 청약 결정을 할 수 있다.

마지막으로 유동성 확보다. 내 집 마련을 위한 청약이었다 해도 급전이 필요한 특별한 경우 현금화 가능한 아파트는 고덕 그라시움이다. 역시 8.2규제를 받기 전이기 때문에 강남 4구에 포함된 강동구 분양아파트인 고덕 그라시움은 계약 후 6개월이 지나면 자유롭게 매매가 가능하다. 반면 고덕 아르테온은 완공 후 잔금까지 치르고 소유권 이전등기가 나온 후에야 매매할 수 있다.

바뀌는 규제에 따라 같은 지역 비슷한 입지의 두 아파트가 정반대의 상황에 놓일 수 있다는 것이다. 이번 정부 성향상 규제는 꾸준히 강화될 것이다. 이왕 분양 받을 거, 여러 조건이 머릿속에 세워놓은 기준 안에 속한다면 하루라도 빨리 분양 받는 것이 심신과 가계에 이롭다.

전세와 분양가 그리고 기회비용

전용면적 59㎡ 남성역 D아파트 전세

청약통장을 활용해 내 집 마련을 하고 싶지만, '가격이 떨어지진 않을까' 하는 불안감 때문에, 그리고 '기회는 또 오겠지' 하는 판단 때문에 서울시 동작구 사당동에 위치한 남성역 D아파트에 2015년 9월 전세계약을 체결한 가상인물 박 씨의 경우를 보자. 2년 후 2017년 9월 전세금은 5,000만 원이 올라 5억 5,000만 원으로 재계약해야 한다.

전용면적 59㎡ 남성역 D아파트 매매

돈에 맞추어 2년마다 점점 외곽지로 이사하는 것도 불편하고, 익숙해진 집에서 계속 거주하려 면 전세금을 올려줘야 하니 이것저것 신경 쓰는 게 더 이상은 힘들어 2015년 9월 남성역 D아파트를 6억 원에 매수한 가상인물 김 씨의 경우를 보자. 2년 후 시세를 체크해보니 무려 9,000만 원이나 올라 당장 팔지는 않더라도 기분은 매우 업 되었다. 1가구 1주택으로 2년이 지나니 비과세혜택을 받아 9,000만 원의 양도차익을 고스란히 내 몫으로 챙기고 조금 더 저렴한 아파트로 이사 갈 계획을 세운다.

전용면적 59㎡ 이수역 R아파트 당첨

이 씨는 대학을 졸업하고 직장인이 된 후에도 부모님과 함께 사는 것이 별 불편함이 없다가 우연찮게 분양권 전문가 월용이의 블로그를 방문했다. 블로그에서 제공하는 정보를 찬찬히 훑어보니 평소 관심을 둔 사당동에 아파트가 분양할 예정이란 사실을 알게 됐다. 필요한 계약금을 계산해보니 본인이 모아 둔 종잣돈 규모와 맞기도 하고 청약조건도 부합하여 청약을 했다. 운 좋게 당첨되어 2년 후 1억 5,000만 원의 프리미엄이 붙었고 분양권 보유 2년 후엔 양도소득세 일반과세 대상이라 약 3,700만 원의 세금을 납부해도 1억 원이 넘는 양도차익을 손에 쥐게 되었다.

2년 전, 당신의 선택은?

남성역 D아파트		
시기	매매	전세
2015년 9월	6억 원	5억 원
2017년 9월	6억 9,000만 원	5억 5,000만 원

이수역 R아파트	
시기	청약
2015년 9월	6억 원
2017년 9월	6억 원 + P 1억 5,000만 원

가상의 인물 3명 입장에서 정리해본다.

1 박 씨의 경우는 자산의 변화가 전혀 없다. 2년 동안 어렵게 모은 저축액을 전부 전세금 올리는 데 써야 한다. 물론 전세금은 만기 시 돌려받는 돈이지만 왠지 써보지도 못하고 손해 보는 느낌을 지울 수가 없다.

2 김 씨의 경우 2년 동안 순자산 9,000만 원이 증가했다. 올랐다는 기분만 즐기고 계속 그 집에서 거주할 수도 있고, 덜 오른 지역으로 이사하여 지난 경험을 바탕으로 또 한 번의 시세차익을 꿈꿀 수도 있다.

3 이 씨는 분양가 6억 원인 이수역 R아파트를 계약금(10%) 6,000만 원만 납부한 채 2년 동안 250%의 수익률을 달성했다. 세금을 제

하고 연수익률로 따져보아도 100% 이상이다. 이 씨는 행복한 고민에 빠졌다. 직접 거주도 가능하고, 투입된 현금 회수가 가능하다면 전세를 놓아 재투자도 할 수 있다. 또는 소유권 이전등기 시점을 기준으로 주택으로 인정 받기 전의 현재 분양권 상태로 매도하여 다른 투자를 하거나 거주용 아파트를 매입하는 데 보탤 수도 있다.

청약, 분양권이 갖고 있는 레버리지를 먼저 정확히 이해하고 활용할 수 있다면 당장 현금이 부족해도 완공·등기 시점과 양도소득세 구간을 잘 따져 내 상황에 맞는 적절한 거주 시나리오, 투자 시나리오를 만들어갈 수 있는 것이다.

연속 분양과 입주

어느 지역 일대에 재정비촉진지역, 신도시, 뉴타운 등 대규모 분양공급이 연속적으로 진행되는 경우가 있다. 이때는 언제 분양 받는 것이 좋을까? 답은 '빠를수록 좋다'는 것이다. 거주와 임대 두 가지 경우 모두 마찬가지다. 앞서 언급한 것처럼 부동산 열기가 달아오를 땐 먼저 분양한 아파트의 프리미엄을 먹고 다음 아파트 분양가가 책정된다. 거주용으로 분양 받는 경우에도 어차피 살(거주할) 예정이니 미리 사 두는(분양 받는) 것이 당연히 좋다.

임대를 놓는 경우에도 마찬가지다. 연속으로 분양했다면 입주도

끊임없다. 아파트가 완공되면 입주 직전에 하자 체크를 위해 사전점검을 하게 되는데, 사전점검이 끝나면 한두 달 이내에 입주가 시작된다. 보통 입주기간은 60일 전후다. 여러 아파트의 입주기간이 겹치게 되면 그 만큼 전세 공급이 늘어난다. 시장에 전세가 너무 많이 나와 있다면 임차인 입장에서는 맘에 쏙 드는 것을 저렴하게 골라갈 수 있다. 따라서 입주기간 내 잔금을 치러야 하는 수분양자는 전세보증금을 내리는 한이 있더라도 빠른 전세 계약을 해야 하는 상황에 놓인다. 단순한 수요공급 법칙이다.

청약 A부터 Z까지

집을 구매한다는 것은 대부분의 사람들에게 가장 큰 가계지출일 수밖에 없다. 집을 구매하는 여러 방법이 있지만, 그 중에서 초기 자금이 가장 적게 드는 구매방법은 아파트 청약이다. 청약을 통해 많은 사람들이 비교적 적은 자금으로 내 집을 마련할 수 있지만 그래도 목돈이 드는 건 사실이다. 그만큼 중요하다. 중요한 만큼 확실히 이해해야 실수 없이 그 다음 단계로 넘어갈 수 있다.

분양 절차

1순위 청약일을 기준으로 전前 주에는 입주자 모집공고가 나면서 주택전시관(모델하우스)이 오픈한다. 특별공급 및 1순위·2순위 청약 후 그 다음 주에는 당첨자발표를 하고, 계약은 그로부터 1주

견본주택개관부터 계약까지 한 달 만에 끝나는 청약일정 예시

12월						
일요일	월요일	화요일	수요일	목요일	금요일	토요일
3	4	5	6	7 입주자모집공고일	8 주택전시관 오픈	9
10	11	12 특별공급	13 1순위(당해)	14 1순위(기타)	15 2순위	16
17	18	19	20	21 **당첨자 발표**	22	23
24	25	26	27	28	29	30
31	1/1	1/2	1/3 **계약 1일차**	1/4 **계약 2일차**	1/5 **계약 3일차**	1/6

내지 2주 후에 진행하게 된다.

자금 확인

아파트 청약하기 전에 점검해야 할 가장 기본적이면서도 필수적인 내용이다. 당첨이 되고 나면 얼마가 필요한지, 중도금 대출은 얼마나 가능한지, 잔금 때 필요한 돈은 얼마인지 말이다. 대부분의 경우 총 분양가 대비 계약금 10%, 중도금 60%, 잔금 30%로 나눠진다.

계약금은 분양계약 체결 시에 10%를 완납하는 경우도 있고, 또는 1~2차로 분할납부하는 경우도 있다. 아주 드물게는 계약금이 15%, 20%인 경우도 있다. 보통은 10%다. 그러니 총 분양대금의 10%는 필

지역 별 LTV 적용표

		서민 실수요자(완화)	주담대 미보유(기본)	주담대 1건 이상 보유(강화)
투기과열지구 및 투기지역	LTV	50%	**40%**	30%
	DTI	50%	**40%**	30%
투기과열지구, 투기지역 외 조정대상지역	LTV	70%	**60%**	50%
	DTI	60%	**50%**	40%
조정대상지역 외 수도권	LTV	70%	70%	60%
	DTI	60%	60%	50%

수로 준비한다. 총 분양가가 6억 원이라면 계약금은 6,000만 원이 필요하다.

다음은 중도금 대출 가능 여부와 그 액수인데 8.2대책 후로 조금 복잡해졌다. 서민 실수요자라 함은 무주택세대주이면서, 부부 합산 연소득이 6,000만 원 이하에, 주택가격이 투기지역·투기과열지구 6억 원 이하, 조정대상지역 5억 원 이하의 조건을 동시 충족해야 한다. 그렇지만 이 조건에 부합하는 예비청약자 수는 많지 않기 때문에 주택담보대출(이하 주담대)을 기존에 보유하고 있지 않다는 가정하에 3가지 경우로 예를 들어보자.

투기지역: 서울특별시 분양가 6억 원 아파트

1 **계약금:** 6,000만 원 필요

2 중도금: 2억 4,000만 원 대출 가능(6억 원×40%) / (대출 안 나오는) 1억 2,000만 원 필요

3 잔금: 1억 8,000만 원 필요(6억 원×30%)

총 분양가의 40% 중도금 대출이 가능하다면 분양권 상태에서 필요한 자금은 1억 8,000만 원이다(1+2). 중도금 대출 실행 후에 입주까지 본인의 부채 상황이 변경이 없다면 중도금 대출 금액만큼 잔금 대출로 전환이 가능하다. 잔금 납부 후에 입주가 가능하므로 입주 때까지 필요한 자금은 3억 6,000만 원이다(1+2+3).

조정대상지역: 광명시 분양가 6억 원 아파트

1 계약금: 6,000만 원 필요

2 중도금: 3억 6,000만 원 대출 가능(6억 원×60%)

3 잔금: 1억 8,000만 원 필요(6억 원×30%)

조정대상지역인 광명시 아파트의 경우 다른 주담대가 없다면 총 분양가의 60% 중도금 전액대출이 가능하다. 따라서 분양권 상태에서 필요한 자금은 6,000만 원이며(1), 입주까지 납입해야 하는 추가 목돈이 없다. 입주 때에 중도금 대출금 전액을 잔금 대출로 전환할 경우 필요한 총 자금은 2억 4,000만 원이다(1+3).

조정대상지역 외 수도권: 수원시 분양가 6억 원 아파트

조정대상지역에 속하지 않은 수도권인 수원에서 분양하는 아파트의 자금 스케줄 및 중도금 대출은 광명시 사례의 상황과 같다. 주담

대 미보유시 70% 중도금 대출이 가능하지만 대부분의 아파트는 분양가의 60%를 중도금으로 설정하기 때문에 계산은 동일하다.

임대 시 계획

분양 받은 아파트에 임대를 줄 경우 최고의 시나리오는 전세금으로 분양 잔금을 치르는 것이다. 임차인이 이사 오는 당일에 전세금 받은 것으로 분양 아파트의 중도금을 상환하고 잔금을 납부하여 근저당을 동시에 말소하면 분양 아파트가 소위 말하는 '갭투자' 아파트가 된다. 앞의 사례를 다시 꺼내 분양가 6억 원 아파트에 전세 5억 4,000만 원을 놓는 경우 현금 흐름을 살펴보자.

투기지역: 서울특별시 분양가 6억 원 아파트

1 분양권 상태에서 필요한 돈 1억 8,000만 원

2 잔금 때 확보되는 현금 1억 2,000만 원(전세 5억 4,000만 원+1−분양가 6억 원)

조정대상지역: 광명시 분양가 6억 원 아파트

1 분양권 상태에서 필요한 돈 6,000만 원

2 잔금 때 확보되는 현금 없음(전세 5억 4,000만 원+1−분양가 6억 원)

조정대상지역: 수원시 분양가 6억 원 아파트

1 분양권 상태에서 필요한 돈 6,000만 원

2 잔금 때 확보되는 현금 없음(전세 5억 4,000만 원+1-분양가 6억 원)

만약 전세금이 6억 원이라면? 각각의 계산에서 잔금 때 확보되는 현금에 6,000만 원을 더하면 된다. 만약 전세금이 5억 원이라면? 각각의 계산에서 잔금 때 확보되는 현금에서 4,000만 원을 빼면 된다.

이렇게 잔금 때 예상되는 전세금에 따라 현금흐름을 예상하여 필요한 잔금을 준비해야 한다. 전세가 아닌 월세 임차인을 들이게 되면 예상 시나리오는 더 늘어나게 된다. 그러면 2년, 3년 후의 전월세 시장을 어떻게 예측해야 할까? 가장 좋은 방법은 주변 신축 아파트 공급량과 거래사례 비교다. 내가 분양 받은 아파트 입주시기와 주변 다른 아파트 입주가 겹치게 되면 같은 지역에 일시적 공급확대로 전월세 가격은 하락한다. 그렇지 않으면 주변 비슷한 입지에 짧은 연식 아파트가 있다면 비슷한 임차 가격을 예상해 볼 수도 있다.

입주 시 분양가에 근접한 전세가를 기록한 곳 중에(분양가 대비 90% 이상) 송도 5공구 호반1차(송도베르디움더퍼스트)와 호반2차(송도글로벌파크베르디움), 그리고 광명역 KTX역세권의 광명역푸르지오, 광명역파크자이1차, 광명역호반베르디움이 좋은 예다.

발코니 확장·옵션·취득세·중도금 대출이자

앞에서는 이자비용, 취득세, 각종 옵션을 제외했으나 실제 계산에서는 필수다. 총 분양가의 5% 내외 정도 되는 추가 비용이 발생하는 구조이기 때문이다. 분양가 6억 원 아파트를 기준으로 보자.

발코니 확장

1990년대, 2000년대에 지은 아파트 중에 거실, 주방 쪽 발코니만 남기고 나머지 발코니를 확장한다든가 확장하지 않고 발코니를 그대로 놔두고 창고처럼 사용하는 세대를 볼 수 있다. 최근 분양하거나 입주하는 아파트는 대부분 발코니를 확장한다. 깨알 같은 글씨로 써 있는 아파트 모집공고를 하나씩 뜯어보다가 중간 부분에 '발코니 확장금액'이라는 표를 보게 된다. 어떤 부분을 확장하게 되는지 그림을 참고하자.

본래는 다음 그림과 같이 단위세대 양 끝으로 발코니를 설계하는데, 표시된 부분의 발코니를 삭제하고 삭제된 면적만큼 실내사용면

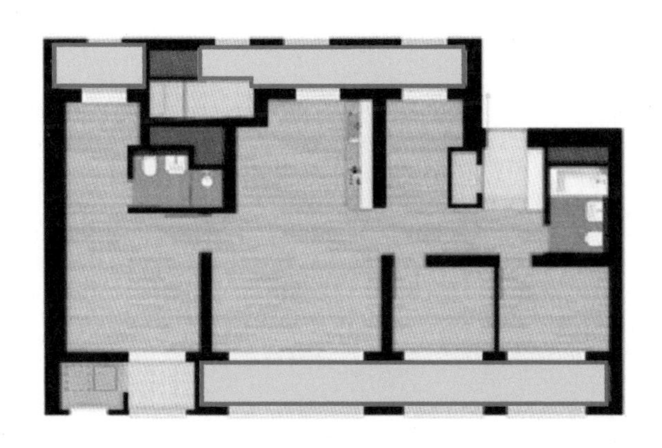

발코니 확장 선택 시 실제 확장되는 서비스 면적 예

면적, 타입 별로 상이한 발코니 확장 공사비

이편한세상 송파파크센트럴	
타입	발코니 확장 공사비
59A	1,386만 원
59B	1,386만 원
59C	1,367만 원
59D	1,344만 원
84A	1,316만 원
84B	1,284만 원

적을 넓히게 된다(전용면적, 공급면적, 서비스면적에 대한 자세한 내용은 54페이지 참조). 실제 넓어지는 면적은 10~25㎡(지역, 아파트마다 상이) 가량 된다.

그 비용은 역시 단지별로 천차만별인데, 전용면적이 같더라도 건설사에서는 판상형인지 타워형인지 타입에 따라 발코니 확장금액 역시 다르게 책정된다. 통상 1,000만~2,000만 원 내에서 결정된다고 생각하면 계산이 쉽다. 일부 분양 아파트에서는 분양가에 발코니 확장금이 포함되어 있어 별도 금액을 지불하지 않는 경우도 있다.

요즘엔 아파트를 분양 받고 계약할 때 대부분 큰 고민 없이 (비용이 발생하더라도) 발코니 확장을 선택한다. 주거의 쾌적성을 위해서다. 1인당 주거면적이 1990년에는 9㎡에 불과했던 것이 20년 만에 3배 이상 커진 33㎡로 증가했다. 개인과 국가의 소득이 커지고 주거형태와 삶을 영위하는 방식도 변화한 것이다. 전용면적 84㎡를 확장하게 되면

약 20㎡ 정도 실사용면적이 늘어나는데 이는 차후 아파트 매도가격에도 큰 영향을 미친다.

옵션

옵션 중에 대표적인 것은 에어컨이다. 거실+침실1, 거실+주방+침실1, 또는 거실+주방+침실1+침실2 이런 식으로 조합을 해 놓았고, 조합에 따라 가격을 다르게 매겨놓는다. 그 외에도 빌트인 냉장고, 전기 오븐, 인덕션, 붙박이 장과 같은 각종 편의사항에 대한 옵션, 작은 방 2개를 합치거나 침실4를 없애고 펜트리(수납공간)로 변경하는 등 구조에 관한 옵션, 바닥재를 강마루에서 타일로 변경하고 싱크대를 고급 사양으로 변경하는 것과 같은 업그레이드 옵션도 있다.

취득세

아파트 분양대금을 모두 지불해야 분양 받은 아파트의 소유권 이전등기를 받게 된다. 권리의 형태로만 존재하는 분양권을 실물로 인정받으면서 계약자 명의로 확정하는 과정에서 취득세를 납부해야 한다. 아파트 취득세는 표를 참고하자. 꼭 기억해야 할 것이 있다. 과세표준에는 발코니 확장비용도 포함된다는 사실이다. 예를 들어 전용면적 84㎡인 5억 9,000만 원 아파트에 발코니 확장비가 1,500만 원이라면 총 분양가는 6억 500만 원이 되므로 취득세율은 1.1%가 아닌 2.2%로 계산한다. 따라서 취득세는 1,331만 원이다.

청약하는 시점부터 취득세를 미리 계산해두지 않으면 자칫 추가

아파트 금액, 전용면적마다 달리 적용되는 2018년 취득세율 표

		취득세	농특세	교육세	합 계
6억 원 이하	85㎡ 이하	1.0%	-	0.1%	1.1%
	85㎡ 초과	1.0%	0.2%	0.1%	1.3%
6억 원 초과	85㎡ 이하	2.0%	-	0.2%	2.2%
9억 원 이하	85㎡ 초과	2.0%	0.2%	0.2%	2.4%
9억 원 초과	85㎡ 이하	3.0%	-	0.3%	3.3%
	85㎡ 초과	3.0%	0.2%	0.3%	3.5%

비용으로 여겨질 수 있음을 주의하자.

중도금 이자

중도금이란 말 그대로 계약금을 치르고 나서 잔금을 치르기 선 중간에 지불하는 돈이다. 일반 매매계약을 체결할 때 중도금을 치르는 것처럼 분양권 역시 중도금을 납부한다. 총 분양가 대비 계약금 10%, 중도금 60%(6회 분납), 잔금 30% 식이다. 아파트 분양 대금 전체를 현금으로 납부하는 것은 물론 가능하다. 자금이 넉넉해도 가계 현금 흐름이 막히거나 목돈이 필요할 경우에 대비해 중도금 대출을 받기도 한다.

중도금 대출을 받지 않고 중도금을 일시에 납부하면 그만큼의 이자발생 비용을 차감 받기도 한다. 이것을 선납할인이라고 한다. 시중은행 입출금통장 금리 수준 정도의 할인액이다.

계약금10%, 중도금60%, 잔금30%의 분양대금 납부 일정

온수 이편한세상							
계약금(10%)	중도금(60%)						잔금(30%)
계약시	1회차 18.05.21	2회차 18.09.20	3회차 19.01.21	4회차 19.05.20	5회차 19.09.20	6회차 20.01.20	입주지정기간내 (입주시)

계약자 각자가 중도금 대출을 받기 어렵기 때문에 분양 아파트 계약자를 한 데 묶어서 한 개 또는 여러 개의 은행이 대출을 한꺼번에 실행해주는 것이 일종의 룰이 되었고, 이것을 중도금 (집단) 대출이라고 한다. 그만큼 대출이자는 싼 편이다. 통상 1% 가량 차이가 난다.

견본주택을 방문하거나 안내 책자를 보면 '중도금 무이자', 또는 '중도금 이자후불제'라는 문구를 자주 접하게 된다. 중도금 대출을 받지만 그에 발생하는 이자를 대출자가 부담하지 않는 경우 중도금 무이자라고 한다. 중도금 이자후불제는 중도금에 대한 이자를 매월 납부하지 않고 중도금 대출 상환 시(보통 잔금 치를 시)에 중도금 대출을 실행한 날부터 대출을 상환한 날까지 발생한 이사를 한꺼번에 납부하는 것을 의미한다.

세상에 공짜는 없고 부동산에서는 더더욱 공짜가 없기 때문에, 중도금 무이자인 경우 이미 그에 준하는 금액이 분양가에 녹아 들었다고 생각해야 한다. 조삼모사 격이지만 훗날 목돈으로 느껴질 중도금 이자후불제 금액보다는 중도금 무이자가 체감상 돈을 절약하는 느낌이 든다.

중도금 이자후불제인 아파트 입주 시 내야 할 중도금대출이자 총액 계산

분양가 6억 원, 중도금 이자율 4%/년, 입주 2020년 6월 20일

온수 이편한세상							
계약금(10%)	**중도금(60%)**						**잔금(30%)**
계약시	1회차 18.05.21	2회차 18.09.20	3회차 19.01.21	4회차 19.05.20	5회차 19.09.20	6회차 20.01.20	**입주지정기간내 (입주시)**
금액	6,000만 원	6,000만 원	6,000만 원	6,000만 원	6,000만 원	6,000만 원	**입주 20.06.20**
대출 실행일부터 입주일까지 날짜계산	761일	639일	516일	397일	274일	152일	
이자 금액	500만 원	420만 원	339만 원	261만 원	180만 원	100만 원	
이자 총합계	1,801만 원						

중도금 이자후불제인 경우, 대다수 중도금 대출자들이 이자 총액을 정확히 계산하지 않는다. 이번 장에서는 그 계산을 해보려 한다. 언젠간 한 번쯤은 해야 하는 계산이다. 분양가 6억 원짜리 아파트를 예로 들자. 중도금 60% 전액을 대출받게 되면 3억 6,000만 원이다. 앞서 제시한 온수 e편한세상 분양대금 납부 일정표의 중도금 회차를 기준으로 해 보겠다. 잔금을 치르고 입주를 하는 시기는 2020년 6월 20일로 가정한다.

분양가 6억 원, 중도금 연이율 4%, 2020년 6월 20일 입주(잔금)를 가상으로 설정한다. 중도금 매 회차마다 10%(6,000만 원)씩 대출이 실행되면 그에 대한 이자는 회차별 대출 실행일로부터 입주일까지 발생한 이자의 총합이 된다. 스마트폰 앱이나 검색 사이트에서 'D-DAY 계산기'를 이용하여 대출 실행일부터 입주일까지 정확한 일수를 계

산해야 정확한 이자가 산출된다.

1회차부터 6회까지 중도금 이자 총 합계액은 1,800만 원 가량이다. 잔금을 치르면서 이 금액을 동시에 납부한다. 즉 분양가 6억 원 아파트의 실제 분양가는 약 6억 1,800만 원으로 계산해 놓아야 보다 정확하다.

등기 전 매매

세금 관련 이슈다. 분양권과 관련된 세금은 매우 단순하다. 등기 전 매매 시 양도소득세만 기억하면 된다. 아래 표를 보자. 지방세는 산출 세액의 10% 가산인 것만 기억하자.

2018년 자산보유별 양도소득세율

<table>
<tr><th>보유기간</th><th>토지 / 상가 / 공장 / 분양권</th><th>주택 / 입주권</th></tr>
<tr><td>1년 미만</td><td>50%</td><td>40%</td></tr>
<tr><td>2년 미만</td><td>40%</td><td rowspan="2">6~42%</td></tr>
<tr><td>2년 이상</td><td>6~42%</td></tr>
</table>

분양계약 체결일로부터 1년 미만 보유 시 50%, 1년 이상 2년 미만 보유 시 40%, 2년 이상 보유 시 일반과세율로 적용 받는다. 보유하고 있는 분양권이 2년을 넘길 때 즈음 극심한 매도 고민을 하게 된다. 왜냐하면 등기 전후 매도 시나리오가 완전히 달라지기 때문이다. 예를

양도차익 1억 원 발생 시 보유기간에 따른 양도소득세 차이

양도차익 1억 원 발생 시 양도소득세		
	2년 이상 보유 분양권	등기 후 1년 이내 매도
양도소득세	2,010만 원	4,000만 원
계산식	(1억 원×35%)-1,490만 원	1억 원×40%
비고	초과누진세 적용	비례세율

들어 1억 원의 양도차익이 발생했다고 가정하고 2년 이상 보유한 분양권 매도 시 양도소득세와 등기 후 1년 이내 매도 시 양도소득세를 계산해 보자.

양도차익 1억 원이라는 과세표준은 같아도 등기 여부에 따른 과세율이 상이하기 때문에 두 가지 경우 세금은 1,990만 원 차이가 난다. 사정상 등기 후 1년 이내 매도할 계획이라면 최소한 3,333만 원 이상 더 높은 가격에 팔아야 등기 전 매도 후 순이익과 같아진다. 바꾸어 말하면, 2년 이상 보유한 분양권의 현시세보다 차후 더 오를 것이라고 예상된다면 보유하는 것이 좋다.

계산의 편의를 위해서 1억 원의 양도차익을 예로 들었지만, 양도차익 구간에 따른 세율이 차등 적용되기 때문에 실제 거래 시 양도소득세 초과누진세를 정확히 계산하여 분양권 매도시점에 따른 순수익 변화를 여러 시나리오에 따라 결정하는 것이 현명하다(52페이지 양도소득세 속산표 참조).

여기서 변수가 몇 가지 더 들어간다. 머리가 아플 수도 있지만 종

다주택자의 양도소득세율 중과표

다주택자 양도소득세 세율 중과			
과세표준	누진세율	2주택	3주택 이상
1,200만 원 이하	6%	**16%**	**26%**
1,200만 원 초과 4,600만 원 이하	15%	**25%**	**35%**
4,600만 원 초과 8,800만 원 이하	24%	**34%**	**44%**
8,800만 원 초과 1억 5,000만 원 이하	35%	**45%**	**55%**
1억 5,000만 원 초과 3억 원 이하	38%	**48%**	**58%**
3억 원 초과 5억 원 이하	40%	**50%**	**60%**
5억 원 초과	42%	**52%**	**62%**

합적으로 판단해야 실수가 없다. 조정대상지역(투기지역, 투기과열지구 포함)에서 보유한 분양권은 보유기간에 관계없이 50% 일괄 과세율을 적용 받는다. 예외가 있는데 만 30세 이상 무주택자가 보유한 분양권과 만 30세 미만이라도 무주택 기혼자가 보유한 분양권은 해당되지 않는다. 일반적인 분양권 세율로 적용한다는 말이다.

또 한 가지 변수는 조정대상지역에서 보유한 분양권이 등기 후 주택으로 인정되면서 2주택 이상일 경우 중과세를 적용 받는다.

모집공고 보는 법

모집공고를 안 보고 청약하는 것은 '묻지마 청약'이다. 굉장히 위험하다. 나침반 없이 항해하는 것이나 다름 없으며 레시피 없이 요리하

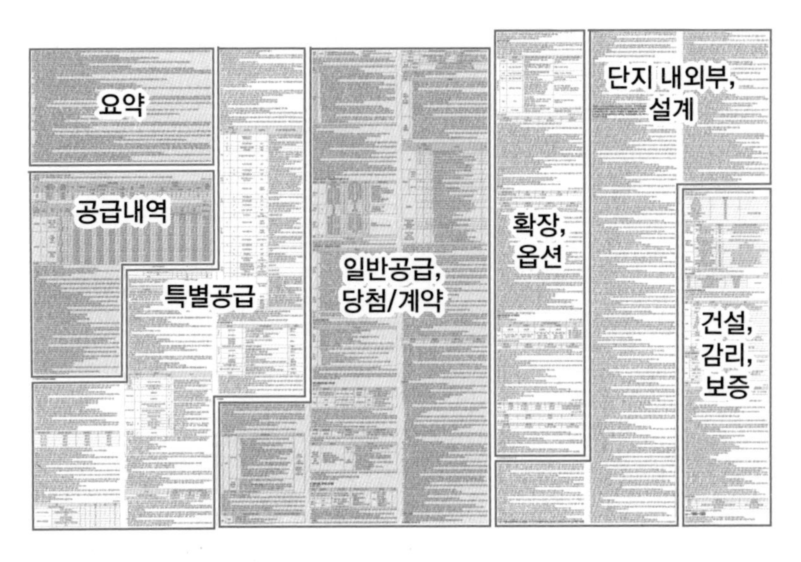

대략적인 안내만 알아도 한 눈에 들어오는 모집공고

는 것과 같다. 모집공고에는 해당 아파트 청약에 대한 모든 것이 명시되어 있다. 그런 만큼 꼭 체크해야 할 중요 사항이 있다.

계속 바뀌는 부동산 정책을 반영하는 것이기에 분양 지역마다 달리 적용하는 청약 1순위 조건, 전매 조건, 당첨자 선정 방법이 안내되어 있고, 부정 행위 적발 시 처벌 받는다는 무시무시한 내용도 포함돼 있다. 모집공고는 어떻게 읽는지 그림을 보자.

요약

왼쪽 상단은 요약 내용이 들어간다. 어떤 법령을 적용 받는지, 어느 지역 거주자가 청약 가능한지, 거주요건은 어떻게 되는지, 예비당첨은 몇 % 뽑는지, 1순위 청약 조건과 전매 사항 등 기본적인 청약 매뉴얼에 대한 내용이다.

공급내역

공급내역엔 전용면적, 공급면적, 대지지분, 분양가, 계약금·중도금·잔금에 대한 내용이 담겨 있다. 분양가를 정리해 놓은 각종 매체를 보면 이 부분을 참고하여 3.3㎡당 가격을 산출한다.

특별공급

특별공급은 크게 네 가지로 나뉜다. 기관추천(장애인, 중소기업, 국가유공자, 장기복무군인), 다자녀, 신혼부부, 노부모부양이다. 일반청약과는 조금 다른 청약기준을 제시한다. 공통조건은 청약자를 포함한 모든 세대원이 무주택이어야 한다는 점과, 과거 특별공급에 당첨된 자와 그 세대에 속하는 자는 신청할 수 없다는 점이다.

특별공급 대상자·신청기관마다 제시하는 가점기준표가 별도로 있다. 노부모부양은 일반청약 가점표를 따른다. 일반적으로 노부모부양 특별공급과 다자녀 특별공급의 경쟁이 덜 한 편이다. 바뀌는 정책에 맞춰 확인할 사항이 있다. 우선 다자녀 특별공급 만점은 원래 65점이었는데 2018년 3월부터 100점 만점으로 바뀌었다. 그리고 신혼부부 특별공급도 2018년 4월부터 청약 기준이 완화되었다. 또한 과거 특별공급 접수를 하려면 견본주택에 방문해야 했지만 이제는 특별공급 신청도 인터넷 접수로 바뀌었다.

모델하우스 방문

모델하우스는 통상 금요일에 개관한다. 모델하우스 개관 전에는 홍보관을 별도로 운영하기도 한다. 분양 예정인 어떤 아파트에 특별히 관심이 있다면 홍보관에 들러 여유롭게 문의하는 것도 좋다. 인기가 많은 모델하우스는 개관 당일 새벽부터 입장하려는 줄이 길게 서 있는 경우가 많기 때문이다. 모델하우스 방문 시 꼭 챙겨야 할 부분과 효율적으로 관람하는 방법을 소개한다.

잔여세대신청(내집마련신청)

모델하우스 입장과 동시에 상담석에 앉기 위한 번호표를 먼저 뽑는다. 은행과 관공서에 설치된 번호표 기계와 비슷하니 쉽게 식별할 수 있다. 서비스로 제공하는 음료수를 마시고 단지 모형도와 유니트(실제 면적으로 설치한 단위 세대)를 전부 둘러본 후 번호표를 뽑는다면 두 시간이고 세 시간이고 한 없이 기다려야 한다. 내 번호 차례가 오면 상담석에서 잔여세대신청서를 작성한다. 미계약세대 발생시 잔여세대신청서를 작성한 사람 대상으로 먼저 추첨기회를 주기 때문에 청약하려는 아파트의 모델하우스를 방문할 때 챙겨야 할 가장 중요한 것 중 하나다.

8.2대책 이전에는 모델하우스에 방문하면 '내집마련신청' 접수를 별도로 받았다. 정당 계약기간에 미계약된 물량이 예비당첨 추첨자에게 넘어가고, 예비추첨에서도 계약 완료되지 않은 물량이 '내집마련신청' 접수자에게 추첨 기회로 돌아가는 방식이었다. 하지만 8.2대

책에서는 돈을 받고 청약의향서를 발급하는 걸 규제했다. 규제 이후 해당 행위에 대해서는 처벌하기 때문에, 대신 비슷한 성격의 '잔여세대접수'를 받는다. 과거 내집마련신청 접수 당시 적게는 100만 원부터 많게는 2,000만 원 이상의 청약증거금을 분양사에서 접수 받았다. 물론 당첨과 관계없이 돌려주는 돈이지만 악용될 가능성 때문에 이를 폐지한 것이다.

대부분의 청약 단지에서는 예비당첨자를 선정하고도 미계약 세대가 다수 발생했다. 때문에 이런 별도의 청약절차를 알고 있던 계약희망자들은 꽤 높은 확률로 청약 통장을 사용하지 않고도 원하는 아파트를 내 것으로 만들 수 있다. 또한 잔여세대 신청은 청약조건과 전혀 관계 없이 아무나 신청 가능하다. 서울에서 분양하는 아파트를 경기도에 사는 사람이 잔여세대신청으로 당첨되어도 전혀 문제가 없다.

단지 모형도

선분양 후시공 위주의 국내 아파트 청약시장에서 모델하우스에 설치된 단지 모형도는 청약자들의 상상력을 발휘할 수 있게 해준다. 내가 분양 받고자 하는 아파트가 어떤 외관과 조망을 갖고 있는지 실제와 거의 비슷하게 만들어 놓은 모형도를 보고 어느 정도 판단이 가능하다. 동과 동 사이의 간격, 단지 내부 조경, 동서남북 방향에 따른 일조권을 본다.

동 간격에 따른 채광과 일조량, 이웃하는 동 사이에도 최고층 높이

차에 따른 조망 간섭도 체크한다. 놀이터가 있다면 놀이터를 정면으로 하는 세대는 낮 시간에 아이들 소리가 들리겠구나 생각도 해보고, 도서관·커뮤니티·운동시설 등 단지 내 편의시설도 확인하자. 해당 단지에서 랜드마크 격의 조경시설도 체크포인트가 되겠다.

단지 외부를 둘러싼 차도의 도로 폭과 차선을 통해 교통량을 짐작해보고, 네이버의 거리뷰 서비스·다음의 로드뷰 서비스로 도로 최대 속도를 체크해 도로소음도 가늠해 볼 수 있다. 세대 내 차량이 드나드는 주출입구와 부출입구 위치, 주변이 산과 나무로 싸여 있는지, 수변인지도 쉽게 확인할 수 있다.

홍보용 공식 홈페이지에 나온 조감도나 멀리서 찍은 듯한 항공도만으로는 일조권을 파악하기 어렵다. 우리나라는 남향을 선호한다는 상식을 기억하고, 나침반을 표시한 단지 모형을 통해 일조권을 가늠해보자.

유니트(Unit)

전용면적 59㎡(구 24평형), 84㎡(구 33평형) 등 실제 분양하는 단위 세대를 1:1 사이즈로 관람할 수 있다. 모델하우스에 방문하는 가장 중요한 목적이기도 하다. 기본적으로 기억해두어야 할 것이 있다. 재정비(재개발, 재건축) 부지에 짓는 아파트와 택지를 새로 조성하여 짓는 아파트의 세대 내부차이가 있다는 점이다. 같은 전용면적이라도 여러 설계 규제를 받는 재개발, 재건축 아파트보다 신도시 아파트의 세대 내부 면적이 더 넓은 경우가 많다. 수납 공간인 펜트리 유무, 알파룸(보통 84㎡의 침실은 3개인 데 반해 추가로 4번째 방이 있는 경우)의 유무, 드레스룸의 크기, 주방 발코니의 크기 등 차이가 발견된다.

내부 크기 외에 창문 크기, 내장재 사양, 바닥재와 벽지에서 풍기는 분위기 등 각 세대에 설계해 놓은 실제 사양과 예뻐 보이도록 시공한 인테리어를 구분할 수 있어야 한다. 세대 내 시공된 인테리어 때문에 착시효과를 일으키기도 한다. 실생활에서 사용하는 침대나 소파보다 사이즈가 작은 가구를 설치하여 그만큼 실내 면적이 넓어 보이게 했다던가, 소형 면적의 경우 작은 방 벽체를 제거하고 주방, 거실을 광활하게 만들어 놓는 등 실제와 다른 착시를 일으키게 하는 요소들을 구별하도록 하자.

옵션

앞에서 언급했던 구조, 수납, 가전에 관한 여러 가지 옵션을 유니트에서 확인해 볼 수 있다. 기본사양으로 포함된 것과 추가 비용이 드는 옵션을 구별한다.

특별공급 · 1순위 청약 · 2순위 청약

특별공급에 관한 내용은 광범위하고 또 깊게 들어가야 하기 때문에 여기선 간단히 소개만 하겠다. 보통 특별공급을 화요일에 접수한다면 1순위 청약은 수요일, 그리고 1순위 청약이 미달될 경우 그 다음날인 목요일에 2순위 청약접수를 받는다.

특별공급에서 체크포인트는 일반 1순위 청약보다 당첨확률이 높다는 점, 일생에 단 한 번의 기회라는 점(예를 들어 신혼부부 특별공급에 당첨된 세대는 향후 노부모 특별공급에 청약할 수 없음) 등이다. 그만큼 신중을 기해 청약 대상 아파트를 선정해야 한다.

주택청약저축 가입은행이 국민은행이라면 국민은행 사이트에서 청약 접수를, 그 외 은행 가입자는 아파트투유(https://www.apt2you.com)에서 접수를 한다. 공인인증서가 필요하다. 청약 접수시간은 오전 8시부터 오후 5시 30분까지다.

8.2대책 이후 1순위 청약 조건이 까다로워졌다. 이 기회에 무조건 기억하자. 투기지역, 투기과열지구, 조정대상지역(이하 청약규제지역) 내 1순위는 국민주택의 경우 청약통장 가입 후 24개월 경과, 24회 납입 조건이 있다. 민영주택의 경우 가입 후 24개월이 경과되어야 하며 지역별 예치금액을 납입해야 한다.

투기, 투기과열, 조정대상지역 외 수도권에서 국민주택에 청약하려면 가입 후 12개월 경과, 12회 납입해야 하며, 민영주택에 청약하려면 12개월 경과 및 지역별 예치금 납입 조건을 충족해야 한다. 수도권 외 지역은 6개월 경과 6회 납입 조건이지만, 시·도시지사가 12개월 또는 24개월까지 연장하여 정할 수 있다. 그러나 수도권 외 지역은 대부분 6개월 경과 6회 납입 조건으로 청약 모집을 하는 편이다.

그 외 청약 규제조건이 포함된 다음 페이지 표를 통해 이해해보자.

청약규제지역에서의 1순위 개념은 조금 더 세분화된다. 투기과열지구인 서울에서 1순위 청약이 미달되었다면, 다음 날은 2순위가 아

국민주택과 민영주택 구분

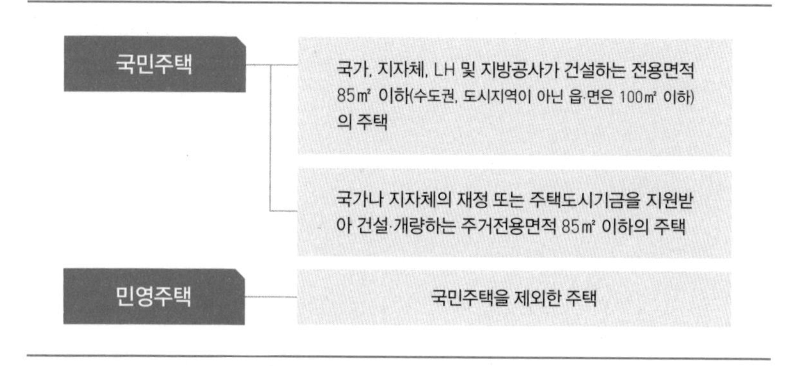

국민주택과 민영주택에 청약할 때 각각 달리 적용되는 청약 1순위 조건

		가입조건	세대주만 청약	5년 내 당첨無	1주택 이하
청약규제지역 (투기/투과/조정)	국민	24개월, 24회	○	○	○
	민영	24개월 경과			
비규제지역	국민	12개월, 12회	×	×	×
	민영	12개월 경과			

닌 기타지역(서울이 아닌) 1순위 청약일이다. 기타지역 1순위 청약에서도 미달이 된 경우 비로소 다음 날에 2순위 청약을 접수 받는다. 청약규제지역 외 지역에서 분양할 경우 1순위 청약 다음 날은 바로 2순위 청약일이 된다.

2순위 청약 역시 청약통장을 통해 청약을 하는 것이며(8.2대책 이전에는 청약통장 사용하지 않음), 2순위 청약을 통해 당첨되었다면 청약규제지역에서는 5년 이내 재당첨 제한에 해당되어 향후 5년 간 청약통장을 활용한 청약을 하지 못한다.

당첨자 발표·계약

당첨자는 1순위 청약 일주일 후에 발표하게 되는데 만약 당첨자발표가 수요일이라면 화요일에서 수요일로 넘어가는 자정 즈음에 확인 가능하다. 청약사이트에서 직접 확인할 수 있고 또는 발표일 오전 이른 시각에 청약 접수 시 기입했던 연락처의 문자메시지로 받기도 한다.

정당계약기간은 당첨자 발표일로부터 1주 또는 2주 후이며 보통 3일간 모델하우스에서 진행한다. 당첨자로 선정되었다 해도 청약 당시 부양가족 수 체크나 무주택기간을 잘못 기입했다면 부적격처리되어 당첨이 취소되고 그로부터 1년 동안 청약을 금지하는 페널티를 받기 때문에 청약 시 매우 신중한 가점 계산이 선행되어야 한다.

예비당첨·잔여세대추첨

예비당첨자는 분양세대의 40%를 선정한다. 예를 들어 59A에서 일반분양세대가 50세대라 하면 예비당첨자는 20번까지 선정한다. 예비당첨자 처리방법은 분양대행사 임의로 정하는데 보통은 추첨함에 동호수를 적어서 넣고 예비당첨자 순번대로 직접 뽑는 방법이 있다.

또는 예비당첨자 순번대로 남은 동호수를 직접 선택하도록 하는 방법도 있다.

예비추첨에서도 미계약세대가 발생하면 잔여세대신청 접수자에게 기회가 돌아간다. 예비추첨과 동일하거나 유사한 방법으로 추첨을 진행한다. 예비당첨과 차이점은 청약통장 사용유무다. 예비추첨에 참가하여 동호수 추첨을 하면 계약유무와 관계없이 청약에 당첨된 것으로 간주한다. 예비당첨자로 선정되었더라도 예비추첨에 참가하지 않으면 청약통장은 사용하지 않은 것으로 인정, 다음 청약을 하는 데 지장이 없다. 잔여세대추첨은 청약통장과는 무관하기 때문에 추첨·계약에 상관없이 재당첨제한에 해당하지 않는다.

분양권 거래 어떻게 해야 하나?

분양권 거래는 복잡하지 않다. 중도금 승계 절차를 제외하곤 일반 주택 매매와 다를 바 없다. 크게 3가지 절차로 나뉜다. 당사자 간 직접 할 필요는 없다. 거래 절차에서 중개·대출·명의변경을 해주는 주체 기준으로 나눠 쉽게 설명해보려 한다.

부동산 중개업소

분양권 매도, 매수자 간 매매계약서를 작성한다. 직거래도 가능하지만 요즘은 공인중개업소 직인을 요구하는 추세다.

간단히 알아보는 분양권 전매절차

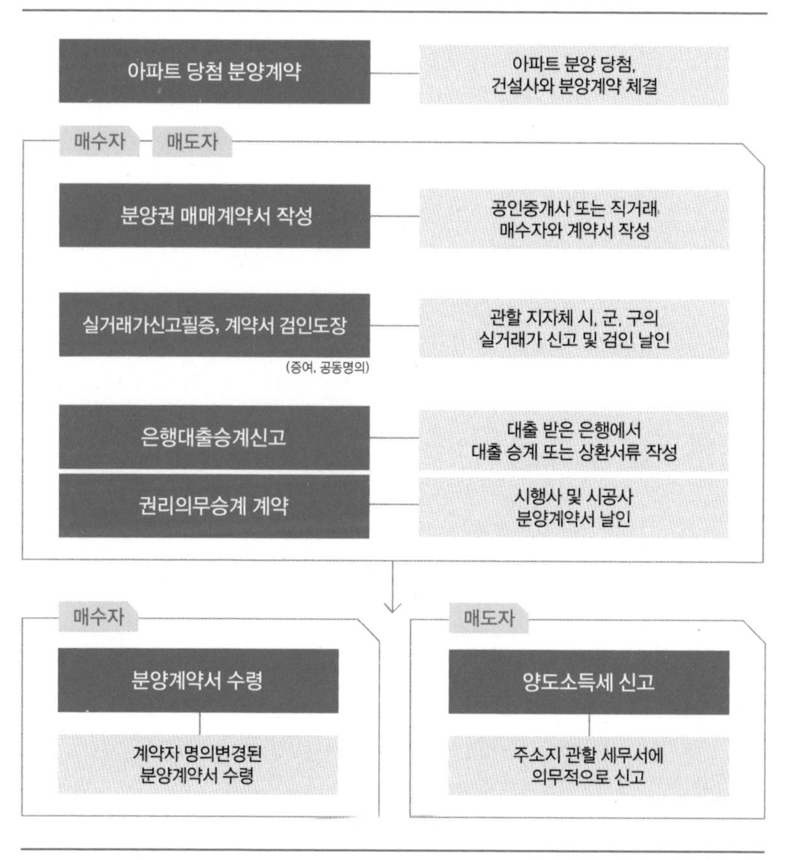

출처: 부동산114

은행(대출)

다음은 매도자가 받은 중도금 대출금을 매수자에게 넘기는 과정을 거친다. '중도금을 승계 받는다'란 표현을 쓴다. 매도자는 근저당을 말소하는 개념이기 때문에 중도금 대출 승계 과정에서 크게 신경

쓸 일이 없다. 매수자는 대출 심사를 받게 된다. LTV와 신용에 문제가 없다면 중도금 승계 과정은 수월하다.

분양사무소(명의 변경)

중도금 승계를 마친 후 분양사무소로 간다. 매도자, 매수자 간 명의 변경을 위해서다. 매매계약서 작성, 중도금 승계를 위한 은행 방문, 명의 변경을 위한 분양사무소 방문은 보통 하루 안에 종료된다.

수수료

부동산 법정 수수료율에 명시된 수수료를 계산한다. 거래가액은 분양가 전체일까, 일부일까? 정확한 계산법은 계약서 날짜를 기점으로 중도금 납입된 만큼의 금액을 기준으로 삼는다. 계약금 10%, 중도금 60%(6회), 잔금 30%인 분양가 6억 원짜리 아파트를 중도금 3회까지 납부했을 때 분양권 매매를 했다면 거래가액은 얼마일까? 6억 원이 아닌 2억 4,000만 원이다(계약금 6,000만 원+중도금 3회차 합계 1억 8,000만 원).

실거래가

실거래가 신고는 분양가+발코니확장비+옵션비+프리미엄을 모두 합한 금액으로 신고한다. 내가 팔고자 하는, 혹은 사고자 하는 아파트의 프리미엄이 얼마일까 계산하려면 거꾸로 뒤집으면 된다. 신고가액에서 분양가, 발코니확장비, 옵션을 뺀다. 여기서 조금 헷갈릴 수 있다. 전용면적이 같아도 타입이 여러 개라면 타입 수에 따라 분양가와 발코니확장비가 다른 경우가 많기 때문이다. 평형·타입별 분양가와 발코니 확장비, 옵션비를 먼저 확인하고 이를 모두 합산하여 실거래가 신고된 금액에서 빼면 프리미엄이 얼마인지 직접 계산할 수 있다.

세금

분양권 관련세금은 양도소득세, 지방세, 취득세다. 분양권은 등기가 발행되기 전 권리상태기 때문에 주택으로 인정하지 않아 주택소유와 관련된 보유세나 종합부동산세의 과세 대상이 아니다.

취득세는 6억 원과 9억 원을 기준으로, 전용면적 85㎡ 기준으로 세율이 달라진다(32페이지 취득세율 표 참조). 취득세 납부 시기는 잔금을 치른 후 소유권 이전등기를 받기 직전이다.

양도소득세는 수익이 발생한 매도자 측에 부과되는 세금이다. 여기에 지방세가 추가로 과세된다. 지방세는 양도소득세의 10%다. 분양권 보유 1년 이내 매매할 경우의 국세인 50%만 알고 있는 사람이

분양권 양도소득세(국세) 세율

구분	세율	비고
보유기간 1년 미만	50%	비례세율
1년 이상 2년 미만	40%	비례세율
2년 이상	6~42%	초과누진세율

있고, 국세에 지방세를 더한 55%로 알고 있는 사람이 있다. 결국 지방세도 함께 납부하는 것이기 때문에 지방세와 함께 계산하는 것이 좋다.

분양권을 2년 이상 보유 시에는 6~42% 초과누진세율을 적용한다. 계산이 편하도록 속산표를 살펴보자.

보유기간 2년 이상 양도소득세 속산표

과세표준	세율	양도소득세 속산
1,200만 원 이하	6%	과세표준×6%
1,200만 원 초과 4,600만 원 이하	15%	(과표×15%) - 108만 원
4,600만 원 초과 8,800만 원 이하	24%	(과표×24%) - 522만 원
8,800만 원 초과 1억 5,000만 원 이하	35%	(과표×35%) - 1,490만 원
1억 5,000만 원 초과 5억 원 이하	38%	(과표×38%) - 1,940만 원
5억 원 초과	42%	(과표×42%) - 2,940만 원

과세표준 구간별로 세율이 다른데, 이를 쉽게 계산하도록 도운 표다. 양도차익 1억 원 발생 시 과세표준은 1억 원이 되고, 납부해야 할 양도소득세는 2,010만 원이다(1억 원×35%－1,490만 원). 지방세 10%까지 더한다면 2,211만 원이다(2010만 원×1.1).

양도소득세 신고와 납부를 직접 하거나 또는 대행업체를 통해서 하면 분양권 거래는 완료다. 해당 분양권 거래 외 다른 매매 건이 있을 시 양도소득세가 합산과세되니 한 해 두 건 이상 매도할 때는 세무전문가와의 상담이 필수다.

전용면적과 공용면적 그리고 서비스면적

아파트 분양공고를 처음 접한 예비청약자들에게 혼란을 주는 주범인 '면적'에 대해 알아보자.

제곱미터(㎡)와 평

2007년 7월부터 (당시) 산업자원부에서는 소비자의 혼란을 줄이기 위해 '평' 단위 사용을 금지하고 미터법 표기를 시행하기로 했다. 1㎡(제곱미터)는 0.3025평이며, 1평은 3.3058㎡다. 84㎡는 약 25.41평으로 환산된다.

전용면적·공용면적·서비스면적

주택형 (주거전용면적기준)	타입	세대별 계약면적(㎡)				
		세대별 공급면적			기타 공용면적 (지하주차장 등)	합 계
		주거전용	주거공용	소계		
59.92A	59A	59.92	25.88	85.80	46.70	132.50

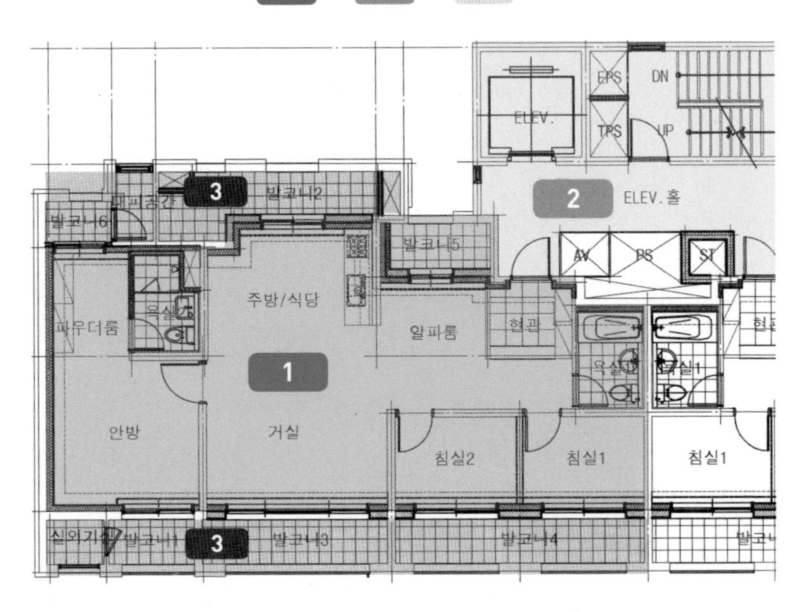

전용면적

주거전용면적이라고도 한다. 말 그대로 세대 내부에서 주거하기 위한 면적이다. 그림에서 **1**에 해당하는 면적을 참고한다.

공용면적

주거공용면적이라고도 한다. 그림에서 2에 해당하는 면적이다. 공용면적에는 공동으로 사용하는 복도, 계단, 엘리베이터가 포함된다.

공급면적

전용면적과 공용면적을 합한 면적이다. 그림에서 1, 2면적의 합이다. 분양 아파트를 살펴보는 데 있어 가장 중요한 면적이다. 주로 공급면적을 환산하여 '(구)ㅇㅇ평형'으로 표기한다. 전용면적 59.92㎡와 공용면적 25.88㎡를 합하면 공급면적 85.80㎡로 계산이 되는데, 이를 환산하면 26평형이다(85.80㎡×0.3025=25.95평).

서비스면적

서비스면적을 달리 말하면 '발코니 확장면적'이다. 세대별 계약면적 어디에도 포함되지 않는 면적이다. 서비스면적은 예비청약자에게 매우 중요하다. 서비스면적의 크기가 실사용면적을 정하기 때문이다. 보통 전용면적 84㎡ 아파트의 경우 확장되는 발코니 면적은 통상 35㎡내외다. 실사용 면적이 109㎡ 가량으로 늘어나게 되는 것이다. 늘어난 실사용 면적 109㎡를 평으로 환산하면 33평형이 된다. 우리가 자주 접하는 '국민주택규모'가 바로 이 면적을 기준으로 정하는 것이다(국민주택규모는 전용면적 85㎡ 이하의 주택을 말한다).

그런데 서울 아파트는 다른 지역 아파트보다 좁아 보인다는 이야기를 많이 듣는다. 과연 낭설일까 진실일까. 건축법 시행령에 따르면 서울시 아파트는 다른 지역에 비해 30%의 발코니 면적을 확장하지 못하도록 했다. 서울이 아닌 다른 지역 아파트의 전용면적 74㎡는 서울 아파트 84㎡와 실사용면적이 비슷한 경우가 생긴다. 서울 아파트 전용면적 84㎡에서 통상 확장되는 발코니 면적 35㎡ 중 30% 면적이 줄게 되면 실제로 타 지역보다 약 10㎡의 면적이 작아진다. 단, 우수디자인으로 인정 받거나 돌출개방형 발코니 설계인 경우 30% 제한에서 예외다.

1인당 주거면적이 삶의 만족도에 영향을 주는 만큼, 서비스면적을 포함한 실사용면적을 중요하게 여기는 자세가 필요하다.

중심선치수·안목치수

모델하우스나 부동산중개업소를 방문하면 가끔 직원으로부터 안목치수에 대한 이야기를 들을 때가 있다.

벽체를 기준으로 중심선치수와 안목치수 구분

아파트는 1998년까지, 오피스텔은 2014년 12월까지 아파트 면적 표기 시 중심선치수를 기준으로 했다. 벽체를 중심으로 면적을 계산했다는 것인데 바꿔 말하면 세대 내부에서 벽이 차지하는 면적도 전용면적에 포함시켰다는 거다. 지금은 아파트, 오피스텔 건축시 벽체 면적을 제외한 면적을 모집공고에 표기한다. 20년 이상 된 아파트 세대를 방문하면 '이 집은 33평이라는데 좀 좁아 보이네?'라는 생각이 드는데, 느낌상 그런 게 아니라 실제 좁은 것이다. 아파트 면적 비교 시 이런 팁까지 기억한다면 보다 정확한 면적 계산이 될 것이다.

인근지역의 기준은 뭘까

도대체 어디까지가 인근지역일까? 종종 헷갈린다.

아파트 청약 지역에 따라 구분하는 인근지역의 기준

인근지역의 기준
수도권 (서울특별시, 인천광역시, 경기도)
대전광역시, 세종특별자치시, 충청남도
충청북도
광주광역시, 전라남도
전라북도
대구광역시, 경상북도
부산광역시, 울산광역시, 경상남도
강원도

예)

충청남도 공주시에 건설하는 주택의 해당지역은 공주시이고, 인근지역은 충청남도(공주 제외), 대전광역시 및 세종특별자치시임.

출처: 아파트투유

서울, 수도권에서 분양하는 아파트의 인근지역

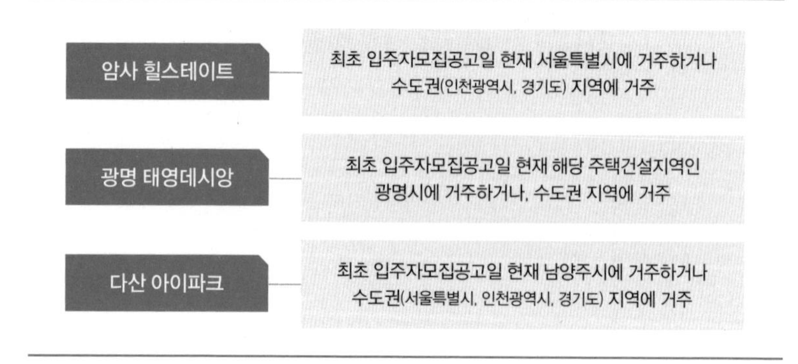

서울, 수도권 분양아파트의 모집공고에서 일반공급의 신청자격을 보면 서울 아파트는 '서울·수도권', 수도권 아파트는 '서울·그 외 수도권'까지가 인근지역에 포함되는 것을 확인할 수 있다.

수도권 외 지역의 아파트 모집공고를 보면, 김해 힐스테이트의 청약신청자격에서 경남·부산·울산이 인근지역, 전라남도 해남 파크사이드 2차는 전남·광주가 인근지역, 대전 복수센트럴자이는 세종·충남이 인근지역이다.

해당 분양지가 속한 도 단위 내 특별시·광역시까지 포함한 지역이 인근지역이라고 머릿속에 넣어두면 헷갈릴 일이 없다. 청약을 몇 번 하다 보면 입지가 좋고 저렴한 분양가의 아파트는 가족들에게 추천

광역시, 수도권 외 지역에서 분양하는 아파트의 인근지역

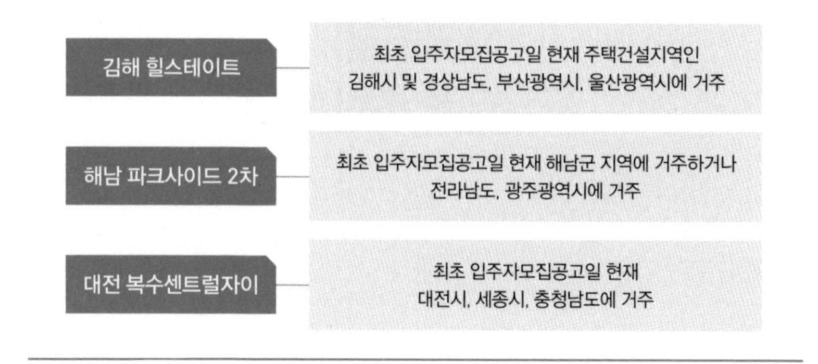

하게 된다. 가족들의 거주 주소지에 따라 청약 자격이 달라지고, 이 기준은 국토교통부에서 정한 '인근지역'의 분류로 적용한다는 것을 꼭 기억하기 바란다.

자금조달,
치밀하게 준비하자

중도금 대출

아파트 분양가는 통상 계약금 10%, 중도금 60%, 잔금 30%로 이뤄진다. 비율은 분양 아파트마다 차이를 보이기도 한다. 광교신도시 C4블록 더샵의 계약금은 15%, 동탄2신도시 C17블록 우미린스트라우스 2차의 계약금은 20%다. 모집공고를 열심히 보았다면 중도금 비율도 일률적으로 매기지 않는 것을 확인할 수 있다. 휘경 해모로프레스티지의 중도금은 40%, 운정신도시 아이파크 중도금은 48%다.

계약금, 중도금, 잔금 비중은 같은 단지 내에서도 차이가 나는 경우가 있다. 공덕 SK리더스뷰의 전용면적 115㎡는 계약금 10%, 중도금 10%, 잔금 80%다. 계약금과 중도금을 납부하고 나면 입주 시까지 추가로 납입할 일이 없고 이자비용도 발생하지 않아 보이지 않는 금융비용도 줄일 수 있다. 고덕 베네루체 전용면적 122㎡도 공덕 SK리더스뷰와 동일한 10%, 10%, 80%의 비율로 분양한 바 있다.

8.2대책 이후 가장 골치가 아픈 부분은 축소된 LTV다. LTV Loan To Value ratio는 주택을 담보로 돈을 빌릴 때 인정되는 자산가치의 비율을 말한다. 주택담보대출비율과 같은 말이다. LTV가 70%이고, 5억 원짜리 주택을 담보로 돈을 빌리고자 할 때 빌릴 수 있는 최대한도는 3억 5,000만 원이 된다(5억 원×70%).

분양 아파트에서 중도금 대출에도 그대로 적용된다. 중도금이 총 분양가의 60%이고 이를 전액 대출 받아 납입할 경우, LTV가 70%라면 60%의 중도금은 이미 LTV 한도 70% 이내에 속하기 때문에 중도금 대출에 문제가 없다. 문제가 되는 건 중도금보다 LTV가 작을 때다.

투기지역, 투기과열지구, 조정대상지역, 비조정대상 지역 별 LTV

		서민 실수요자(완화)	주담대 미보유(기본)	주담대 1건 이상 보유(강화)
투기과열지구 및 투기지역	LTV	50%	40%	30%
	DTI	50%	40%	30%
투기과열지구, 투기지역 외 조정대상지역	LTV	70%	60%	50%
	DTI	60%	50%	40%
조정대상지역 외 수도권	LTV	70%	70%	60%
	DTI	60%	60%	50%

1 무주택 세대주
2 부부 합산 연소득 6,000만 원(생애최초구입자는 7,000만 원) 이하
3 주택가격은 투기과열지구·투기지역 6억 원 이하, 조정대상지역 5억 원 이하

청약규제지역 구분

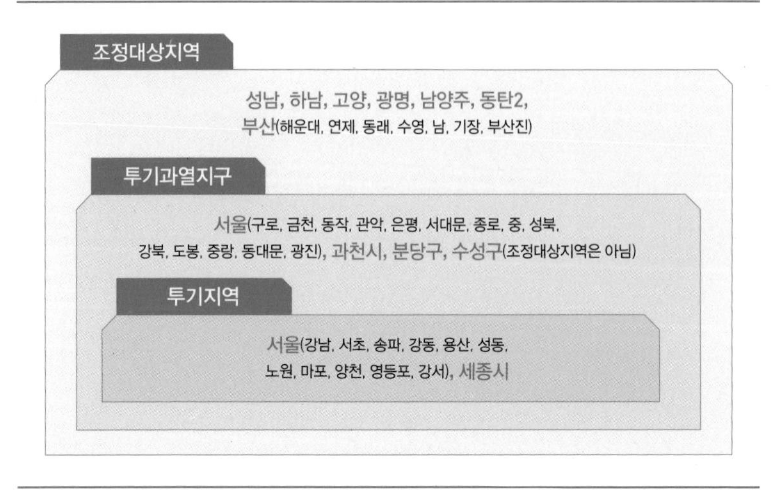

일반적인 중도금 비율인 60%보다 적은 LTV를 적용하는 지역은 투기과열지구, 투기지역, 그리고 주택담보대출 1건 이상 보유한 경우의 조정대상지역이다. 해당 지역에서 신규 분양하는 아파트에 적용된다.

서민 실수요자가 아니면서 주택담보대출이 없는 청약자의 경우 투기과열지구인 은평구에서 6억 원짜리 아파트를 분양 받을 때 60%의 중도금 3억 6,000만 원 중 40%에 해당하는 2억 4,000만 원만 대출이 가능하다는 말이다. 중도금 대출을 받지 못하는 20%의 금액 1억 2,000만 원은 별도 조달해야 한다.

조정대상지역인 광명시에 주택담보대출이 없는 청약자가 광명시 아파트를 청약 받고 중도금 대출을 신청하면 60% 전액 대출이 가능하다. 만약 주택담보대출을 1건 이상 보유하고 있다면 50%의 중도금 대출을 받을 수 있다. 그러나 어디까지나 정부부처의 공시일 뿐 실제 대출시에는 중도금 대출 주체인 은행마다 그 비율을 더욱 축소해놓았을 수 있다.

미리 확인할 수 있는 방법이 있다. 현재 중도금 대출 신청접수를 받고 있는 은행 담당자에게 문의하는 것이다. 현재 시점에 앞서 5~6개월 전에 분양을 했던 아파트를 역추적하면 지금 중도금 대출 신청 여부를 쉽게 알 수 있다. 실제 상황에서 알아볼 수 있는 정확한 방법이다.

중도금 보증건수와 한도

중도금 대출은 주로 한국주택금융공사HF와 주택도시보증공사HUG에서 보증한다. 가계부채 규모에 따라 보증건수와 한도를 조정하는데 8.2대책의 내용을 반영한 보도를 잠시 살펴보사.

HUG 중도금 대출관련 보도

HUG 중도금 대출 보증비율 및 보증한도 올해부터 줄어든다

대출금액에 대한 보증비율 90% → 80%, 보증한도 6억 원 → 5억 원으로 줄여

〈매일경제〉 2018년 1월 2일

일단 보증한도를 6억 원에서 5억 원으로 축소하였다. 분양가 6억 원 아파트의 중도금 60%는 3억 6,000만 원이라 축소된 보증한도 5억 원 내에 포함되지만, 만약 비조정지역에서 6억 원에 분양하는 또 다른 아파트를 당첨 받아 중도금 대출시엔 3억 6,000만 원 전액 대출이 불가능하다. 기존의 3억 6,000만 원과 두 번째 3억 6,000만 원을 합하면 총 7억 2,000만 원으로 5억 원의 중도금대출 보증 한도를 초과하기 때문이다. 따라서 두 번째 중도금 대출은 최대 1억 4,000만 원까지 가능하다.

중도금 대출 보증 건수도 1인당 2건에서 1세대당 2건으로 줄어들었다. 투기지역, 투기과열지구, 조정대상지역에서 분양하는 아파트에 당첨되어 중도금 대출 실행 후, 비조정지역에서 분양하는 아파트를 당첨 받고 중도금 대출하는 건 가능하다. 하지만 반대의 경우는 안 된다. 비조정지역에서 먼저 중도금 대출을 받고 있다면 청약규제지역에서 분양 받는 아파트의 중도금 대출은 불가하다.

분양가 9억 원을 초과하는 아파트의 경우엔 중도금 보증이 안 된다. 이 경우 현금으로 납입하거나, 보증기관이 아닌 시공사가 자체 보증할 경우만 중도금 처리가 가능하다.

2016년 8.25가계부채대책 전까지는 1인당 보증건수 4건이 가능했던 적도 있었다. 지금은 완전히 다른 분위기다. 따라서 예비청약자들은 청약에 앞서 중도금 대출 보증이 가능한 분양가인지, 기존에 실행하고 있는 중도금 대출 건이 있는지, 그리고 한도액은 얼마나 남았는지 확인하는 것이 매우 중요하다.

청약 당첨, 이렇게 실현했다

개포 디에이치자이

2018년 상반기 가장 '핫'했던 개포 디에이치자이. 네이버 월천재테크 카페와, 하베의 꿈꾸는 부자들 카페 수강생 중에서도 당첨자가 나왔다. 개포 디에이치자이는 개포주공 8단지의 재건축으로 2018년 3월, 전체 1,996세대 중에서 임대 306세대를 제외하고 1,690세대를 분양했다. 그 중에서 458세대가 특별공급 세대로 배정되었다.

개포 디에이치자이 분양은 청약시장뿐 아니라 한국 부동산 시장 전체를 들썩일 만한 이슈였다. 중도금 대출을 받을 수 없는 9억 이상 고가주택으로 전용면적 84㎡의 분양가가 최고 14억 5,000만 원 이상으로 책정되었다. 과연 이런 가격의 아파트를 전액 현금으로 부담할 수 있는 무주택자들이 얼마나 있을 것인지, 그리고 분양 후 파장이 강남 집값, 서울 집값, 나아가 수도권 및 전국 부동산 시장에 어떤 영향을 줄 것인지 많은 전문가들의 입

개포 디에이치자이 면적·타입 별 분양가

타입			공급 (총)	공급 (일반)	총분양가 (만 원)	평단가 (만 원)	공급 면적 (㎡)	평수	분양가 (만 원)	발코니 (만 원)	층
63P	판3	63A	26	16	11억 2,201	4,538	82	25	11억 0,120	2,081	11~20
63T	타	63B	80	109	11억 1,944	4,511	82	25	11억 0,120	1,824	11~20
	타	63C	82		11억 3,044	4,555	82	25	11억 1,220	1,824	21~30
76P	판3	76A	62	118	13억 1,805	4,483	97	29	12억 9,400	2,405	11~20
	판3	76D	80		13억 1,864	4,405	99	30	12억 9,400	2,464	11~20
	판3	76E	32		13억 4,454	4,565	97	29	13억 1,990	2,464	31~
76T	타	76B	32	44	13억 4,283	4,480	99	30	13억 1,990	2,293	31~
	타	76C	32		13억 4,440	4,506	99	30	13억 1,990	2,450	31~
84P	판3	84A	134	301	14억 5,788	4,464	108	33	14억 3,160	2,628	31~
	판4	84D	68		14억 4,364	4,441	107	33	14억 1,760	2,604	21~30
	판3	84F	93		14억 5,821	4,426	109	33	14억 3,160	2,661	31~
	판4	84G	23		14억 4,423	4,400	109	33	14억 1,760	2,663	21~30
	판3	84H	66		14억 5,797	4,457	108	33	14억 3,160	2,637	31~
	판3	84I	66		14억 5,925	4,496	107	32	14억 3,160	2,765	31~
84T	타	84B	250	216	14억 5,465	4,442	108	33	14억 3,160	2,305	31~
	타	84C	66		14억 5,685	4,453	108	33	14억 3,160	2,525	31~
	타	84E	6		14억 1,394	4,343	108	33	13억 8,950	2,444	6~10
103P	판4	103A	56	48	17억 5,567	4,426	131	40	17억 2,730	2,837	31~
103T	타	103B	154	160	17억 5,212	4,385	132	40	17억 2,730	2,482	31~
	타	103C	30		17억 5,405	4,399	132	40	17억 2,730	2,675	31~
118	판4	118A	204	178	19억 5,424	4,336	149	45	19억 2,600	2,824	21~30
132	판5	132A	42	37	20억 8,141	4,136	166	50	20억 4,830	3,311	6~10
173	펜	173A	5	4	30억 5,542	4,548	222	67	30억 1,170	4,372	31~
196	펜	176A	1	1	31억 1,430	4,555	226	68	30억 6,500	4,930	31~

방아에 올랐다.

사실 가장 중요한 포인트는 '매우 싼' 분양가였다. 당첨만 된다면 5억~7억 이상의 시세차익을 거둘 수 있다. 인근에 기분양했던 개포 래미안 블레스티지, 일원동 루체하임의 분양권 실거래가와 비교해보면 개포 디에이치자이의 분양가는 매우 낮은 수준이었던 것이다.

각종 매체는 '10만청약설'이 기정사실인 양 떠들썩했다. 나는 청약 전 네이버 블로그에 "10만청약설은 과장된 이야기며, 1/3, 1/4 수준에서 청약을 마감할 것"이라는 예상을 미리 밝혔다. 무주택 현금부자가 이슈만큼 많지 않을 것이라는 예상이었다.

어찌 되었든 현금 여력이 충분하다면 당첨되는 것이 중요하다. 그리고 당첨을 위한 선택은 보수적이어야 한다. 가장 좋은 타입과 동호수가 입주 후 시세 상승 5억 원을 예상한다 해도, 그렇지 않은 타입과 동호수 역시 그보다 호가 1억 원 정도 빠지는 수준에서 무조건 큰 수익을 거둘 것은 당연했다. 청약을 하는 수강생들에게 당첨 자체에 초점을 맞춰 선택지를 추천했다.

보통 전용면적 84㎡에서 타입이 5개로 나눠지면 84A, 84B, 84C, 84D, 84E 식으로 선택지가 나뉜다. 하지만 개포 디에이치자이이는 면적은 구분하되 타입을 판상형(P), 타워형(T) 딱 두 종류로만 선택하도록 했다. 타입 별로 최대한 많이 나눠어져야 틈새를 찾고 보다 낮은 가점으로 당첨을 기대할 수 있지만 이번 경우는 그렇지 않아 아쉬웠다. 따라서 수강생이 보유한 청약통장의 점수 자체가 높아야 했다.

청약 결과 수강생 3명이 당첨되었다. 63T는 다자녀 특별공급 80점으로 당첨됐다. 8.2대책 후 바뀐 다자녀 특별공급 만점점수 100점 중 80점이면 굉장히 높은 점수다. 다른 분양아파트에 접수했다면 낙첨되기가 오히려 더 어려웠을 것이나, 이번에는 좀 다르게 접근해야 했다. 통상 타워형보다 판상형을 선호하는 분위기에서 당첨을 위한 선택은 타워형이어야 했고, 다자녀 특별공급 80점으로 63T에 접수해 당첨된 것이다.

청약열기를 느낄 수 있는 개포 디에이치자이 청약결과

개포 디에이치자이					
주택형	공급세대	접수건수	경쟁률	가점 최저	가점 최고
63P	16	1,451	90.69	**69**	79
63T	110	4,150	37.73	**68**	79
76P	122	1,748	14.33	**59**	74
76T	45	784	17.42	**63**	79
84P	303	8,116	26.79	**69**	79
84T	222	3,829	17.25	**62**	78
103P	48	2,270	47.29	**68**	76
103T	160	4,822	30.14	**58**	79
118	118	3,324	28.17	**58**	74
132	37	832	22.49	**65**	78

84P에 당첨된 수강생은 강남권 재건축 아파트 청약을 위해 청약통장을 몇 년 동안 쓰지 않고 아껴두었다. 기관추천으로 특별공급 접수도 가능한 상황이었다. 특별공급 접수와 1순위 청약은 중복 신청이 가능하고 두 경우 모두 당첨되었다면 먼저 접수한 특별공급만 당첨이 인정된다. 가능한 방법 모두 시도하는 것이 당첨을 위해서는 당연한 것. 결과는 일반청약 69점의 가점으로 84P를 선택하여 딱 가점 커트라인 부근에서 당첨의 기쁨을 맛 보았다. 최고의 가성비를 보인 최고의 선택이었다.

마지막은 84T에 당첨된 경우다. 당산동에서 부동산을 운영하는 중개업소 소장이다. 자녀교육 문제로 강남 입성을 간절히 원했던 상황. 가점은 62점, 소형 면적은 가구 규모에 비해 작고 중대형 면적은 분양가가 일단 부담이었다. 그리고 103P를 선택하기엔 일반 분양세대수가 너무 적은 데

다가 가점제로는 분양세대의 50%만 선정하기에 가점제 당첨 가능 세대가 너무 적어지게 된다. 아무리 높은 가점 청약자라도 당첨 커트라인이 확 높아지는 변수가 존재하기에 차선책이 필요했다. 84T의 당첨 최저가점은 62점, 딱 커트라인에 걸쳐 당첨되었다. 만일 같은 전용면적의 84P를 선택했다면 떨어졌을 것이다.

PART

02

청약 당첨은 결코 운이 아니다

실수요자에게 찾아온 절호의 기회

2016년 11월 3일에 발표한 '실수요 중심의 시장형성을 통한 주택 시장의 안정적 관리방안(이하 11.3대책)'에서 조정대상지역이라는 새로운 규제지역이 발표됐다. 조정대상지역과 규제의 주요내용을 옆 페이지에 표로 정리했으니 참고하자.

실수요자에게 의미가 큰 것은 청약 1순위 자격조건의 제한이다. 세대주만 청약을 할 수 있고, 같은 세대에서 5년 이내에 다른 주택 당첨 이력이 없어야 한다. 세대주와 세대원 모두 해당된다. 또한 세대 구성원 모두 1주택만 보유하거나 무주택이어야만 1순위 자격을 부여 받게 된다. 실수요자에겐 양날의 검으로 다가왔다.

11.3대책 발표에서 지정한 조정대상지역의 범위

광역지자체	기초지자체	택지 유형
서울특별시	25개 구	민간택지 + 공공택지
경기도	과천시, 성남시	민간택지 + 공공택지
	하남시, 고양시, 남양주시, 화성시(동탄2에 한함)	공공택지 (민간택지 제외)
부산광역시	해운대구, 연제구, 동래구, 남구, 수영구	민간택지 (공공택지 제외)
세종특별자치시 (행정중심복합도시 건설 예정지역에 한함)		공공택지 (민간택지 제외)

11.3대책 발표 당시 조정대상지역에 적용된 지역 별 전매제한

광역지자체	기초지자체	택지 유형	변경 전	변경 후
서울특별시	강남4구	민간택지	6개월	소유권 이전등기시
		공공택지	1~2년	
	강남4구 외	민간택지	6개월	민간 1년 6개월
		공공택지	1~2년	소유권 이전등기시
경기도	과천시	민간택지	6개월	소유권 이전등기시
		공공택지	1~2년	
	성남시	민간택지	6개월	민간 1년 6개월
		공공택지	1~2년	소유권 이전등기시
	하남시, 고양시, 남양주시, 화성시(동탄2에 한함)	공공택지 (민간택지 제외)	1~2년	소유권 이전등기시
부산광역시	해운대구, 연제구, 동래구, 남구, 수영구	민간택지 (공공택지 제외)	-	-
세종특별자치시 (예정지역에 한함)		공공택지 (민간택지 제외)	1년	소유권 이전등기시

조정대상지역 내 분양하는 아파트의 1순위 청약 제한

1순위 제한

조정대상지역에 청약 시

1 **세대주가 아닌 자**
2 **5년 이내 다른 주택에 당첨된 자의 세대에 속한 자**
3 **2주택 이상 소유 세대에 속한 자**

는 1순위에서 제외

재당첨 제한

조정대상지역의 주택 및 당첨된 세대에 속한 자를 재당첨 제한주택과 재당첨 제한대상자에 포함

재당첨 제한 기간

85㎡ 이하 청약시: 과밀억제권역 당첨자 5년
그 외 지역 당첨자 3년

85㎡ 초과 청약시: 과밀억제권역 당첨자 3년
그 외 지역 당첨자 1년

세대주가 아닌 자

11.3대책 전에는 한 세대에 만 19세 이상의 세대원이 여러 명이라도 청약통장을 보유하고 납입조건을 갖추었다면 세대주와 함께 청약이 가능했다. 하나의 분양아파트에 가족들이 중복 당첨되는 일도 비일비재했다. 이제는 세대주 조건을 갖춰야 하며, 세대주를 변경하려면 '민원24'에서 온라인으로도 가능하다.

5년 이내 재당첨 제한

5년 내 재당첨금지 조항에서 넘어진 실수요자들이 많다. 이전에 당첨되고서 사정상 계약을 포기한 후 무주택을 유지해도 재당첨금지에 포함되며, 당첨자가 입주하지 못하는 상황에서 분양권 전매 후 무주택자가 되었어도 재당첨금지(11.3대책 이전에는 서울 분양권 전매기간 6개월)에 해당한다.

분양권 전매제한

투자자에게 충격은 준 것은 전매제한이다. 부를 축적하기 위한 징검다리용으로 분양권 투자를 하려고 했던 투자자들은 소유권 이전 등기까지 분양권 매매를 못하기 때문에 청약 시도조차 못 하는 상황이 됐다. 잔금 여력이 충분치 않은 청약자들은 입주 시 전세보증금을 잔금만큼 충분히 받을 확신이 없다면 청약이 애초부터 불가하다.

11.3대책 전에 분양했던 아파트는 수분양자에 한해 1회 전매가 가능하다. 이를 거꾸로 생각해 보자. 11.3대책 전 분양했던 아파트를 매수하려는 사람은 무조건 실수요자여야만 한다. 전매 가능한 분양권을 취득 후엔 다시 전매가 불가하므로 이를 되팔아 시세차익을 남기려는 투자수요의 진입을 원천 차단하게 된 것이다.

이러한 이유 때문에 1순위 청약 규제와 전매제한은 당시 청약시장을 완전히 얼어붙게 했다. 11만여 세대를 수용하는 동탄2신도시의 청약 열기를 완전히 잠재웠고, 그와 맞물려 서울 강동지역 배후지로 유망한 다산신도시의 거센 청약 분위기도 잔잔해졌다.

11.3대책 직후의 변화와 가점 커트라인

통계청 2016년 자료에 따르면 대한민국 세대 당 세대원 수는 평균 2.58명이다. 세대주만 청약을 할 수 있다는 규정을 세대당 평균 세대원수에 대입해보았다. 세대원도 청약할 수 있었던 때와 비교하여 세대주만 청약 가능한 경우를 단순 계산했다. 11.3대책을 적용 받는 조정대상지역에서 1순위 청약자 수가 이전보다 약 2.5배 가량 줄어들 수 있겠다는 가정이다.

적당한 사례가 있었다. 입지와 분양가가 비슷한 두 아파트의 청약자수를 비교한 표다. 11.3대책 전 10월에 분양한 신촌숲 아이파크, 11.3대책 직후 12월에 분양한 신촌 그랑자이. 청약자 수를 보면, 세대원 수 대비 세대주 비율만큼 줄어든 것을 확인할 수 있다. 물론 세대

11.3대책 전과 후, 확 쪼그라든 청약자 수

	규제	59A 타입 분양가(20층 기준)	청약자 수
신촌숲 아이파크	11.3대책 전	6억 5,200만 원	2만 6,477명
신촌 그랑자이	11.3대책 후	6억 6,000만 원	1만 541명

당 평균 세대원에는 청약자격이 없는 미성년 자녀, 5년 재당첨 제한이 걸린 세대, 청약통장이 없는 세대원 등 줄어든 비율에 변수로 작용하는 것들이 분명 있지만, 대략 비슷한 비율로 '절대청약자 수'가 줄어든 것은 확실했다.

11.3대책 전과 후, 확 낮아진 당첨 커트라인

	주택형	공급세대	접수건수	경쟁률(건)	가점최저	가점최고	평균
신촌숲 아이파크	84C	87	3,047	35.02	**65**	69	66.29
신촌 그랑자이	84C	38	315	8.29	**51**	67	57.88

11.3대책 이후 아파트 분양시장이 세대주 위주로 청약 분위기가 바뀐 것은 확인했다. 다음은 '과연 가수요 청약자가 줄어든 만큼 실수요자에게 기회가 찾아왔을까' 검증을 해보자. 신촌숲 아이파크와 신촌 그랑자이 분양 당시 84C 타입 간 비교를 한다. 신촌숲 아이파크의 당첨 최저가점은 65점이고 신촌 그랑자이의 당첨 최저가점은 51점이다. 무려 14점의 차이를 보인다. 청약에서는 1점 차이가 당락을 결정하기 때문에 10점 이상의 차이는 굉장하다. 이것은 무엇을 의미할까?

정규분포로 보는 당첨 커트라인의 이동

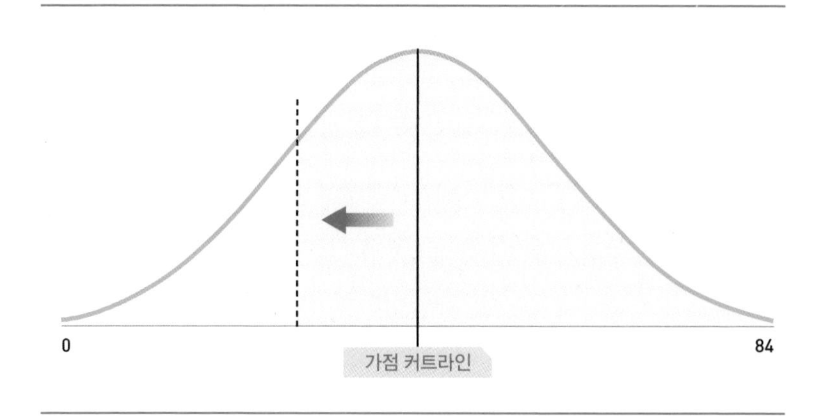

8.2대책을 적용 받는 투기지역, 투기과열지구 내 분양 아파트 전용면적 85㎡ 이하의 당첨자 선정 방법은 100% 가점제다. 분양을 100세대 한다면 100명을 전부 가점 높은 순으로 뽑는다는 말이다. 그 전에는 40%만 가점제, 남은 60%는 추첨제로 당첨자를 선정했기 때문에 가점이 낮더라도 높은 가점자들과 경쟁이 가능했다. 그러나 이젠 85㎡ 이하 일반분양세대 전부를 가점순으로 뽑게 되었기에 가점이 낮은 사람들은 매우 힘들어졌다. 가점이 처참하게 낮은 예비청약자들에겐 비보가 되겠지만 30~40점대 예비청약자들에겐 희소식이다.

그대로 신촌 그랑자이에 대입해보자. 11.3대책 전 신촌숲 아이파크 84C 타입의 경우 만 44세 세대주가 만 30세부터 청약통장 가입 후 무주택을 유지하면서 부양가족이 최소 3명이어야 총 가점 합계 66점으로 겨우 당첨 가능했다. 그러나 11.3대책 후엔 만 39세 세대주가 만

30세부터 청약통장에 가입하고 무주택을 유지하면서 배우자와 자녀 2명을 부양할 경우 51점으로 신촌 그랑자이 84C 타입 당첨이 가능해졌다.

또 한 가지, 예비당첨자 비율을 20%에서 40%로 늘렸다. 일반분양 100세대 분양 시 20명이었던 예비당첨자를 40명으로 늘렸다는 것이다. 부적격, 계약포기 등 당첨이 됐어도 계약하지 못한 세대들은 예비당첨을 통해 처리하게 되는데 8.2대책 이전엔 20%의 예비당첨자가 전부 계약하고도 남을 정도로 정당계약률이 낮은 경우가 종종 있었다. 과거 20%의 예비당첨자를 선정할 때는 가점과 상관없는 추첨이었지만, 현재는 40%의 예비당첨자 선정 시 가점순으로 뽑는다. 예비당첨자까지 고려해보면 가점 커트라인이 더 내려온 것은 물론, 계약률도 높아진 상황으로 바뀌었다고 이해하면 되겠다.

바뀐 정책을 하나씩 뜯어서 내 상황에 맞춰보면 기회가 있다. 어느 정도 경제력은 갖췄지만 가점이 낮은 편인 청약자들이 서울 평균 가격 아파트(약 7억 원, 2018년 4월 기준) 수준으로 분양하는 신규 아파트를 지레 포기할 필요는 없다. "경쟁이 매우 치열하다"는 단편적인 뉴스 한 꼭지에 압도돼 '내 집 마련의 꿈은 날아가 버렸다'고 미리 실망할 이유가 없다는 것이다.

내 가점을 계산해보자

청약통장의 종류

본인이 갖고 있는 청약통장이 어떤 종류인지조차 모르는 예비청약자가 태반이다.

2015년 9월 1일부터 청약저축, 청약예금, 청약부금의 신규가입이 중단되었다. 청약통장을 그 이후에 만들었다면 그 통장은 무조건 '주택청약종합저축'이다. 주택청약종합저축은 2009년 5월부터 가입을 시작했다. 그 즈음에 청약통장을 만들었다면 은행직원에게 "이 통장은 만능이에요"라는 멘트를 들었을 것이다. 내가 갖고 있는 통장이 어떤 건지 도무지 모르겠다면 모바일·인터넷뱅킹으로 확인하거나 가입은행 고객센터에서 확인해보자.

한 눈으로 보는 청약통장의 종류와 활용 대상 아파트 구분

		85㎡ 이하 국민주택	모든면적 민영주택	85㎡ 이하 민영주택
	주택청약 종합저축	청약저축	청약예금	청약부금
대상	연령, 자격제한 없음	무주택	19세 이상(유주택 가능)	
저축액	월 2만~50만 원	월 2만~10만 원	200만~1,500만 원	월 5만~50만 원
국민주택 등 (민간건설 중형 국민주택 제외)	○	○	-	-
민간건설 중형국민주택	○	○	○	○
민영주택	○	-	○	○

청약통장의 변경

청약통장은 두 가지 경우에만 변경 가능하다. 청약저축과 청약부금을 청약예금으로 변경할 수 있다. 한 번 전환한 통장을 되돌리는 것은 불가능하다. 청약저축은 국가, 지자체, LH 및 지방공사가 건설하는 85㎡ 이하 국민주택에만 청약할 수 있다. 청약부금은 85㎡ 이하 민영주택(국민주택을 제외한 주택)에만 청약 가능하다.

서울, 인천, 수도권 내 청약자들은 민영아파트를 훨씬 선호하기 때문에 청약통장 전환을 고민하기 마련이다. 납입기간과 횟수 기준으로 분양하는 국민주택 자체가 적기도 하고 입지 좋은 국민주택에 당첨되기 위해서는 최소 15년, 180회 이상 납입해야 가능성을 점 칠 수 있기 때문이다. 30~40점대의 가점이라도 서울, 인천, 수도권 아파트

민영아파트에 청약하기 위한 청약통장 변경 예시

		85㎡ 이하 국민주택	모든면적 민영주택	85㎡ 이하 민영주택
	주택청약 종합저축	청약저축 →	청약예금	← 청약부금
대상	연령, 자격제한 없음	무주택	19세 이상	(유주택 가능)
저축액	월 2~50만 원	월 2~10만 원	200~1,500만 원	월 5~50만 원
국민주택 등 (민간건설 중형 국민주택 제외)	○	○	-	-
민간건설 중형국민주택	○	○	○	○
민영주택	○	-	○	○

예) 102㎡ 래미안에 청약하려면
모집공고 전일까지 청약예금으로 전환

분양에 희망을 걸 수 있다. 따라서 다시 되돌릴 수 없는 청약통장 변경에 대해 신중히 생각하고 결정하길 바란다.

가점 계산

가점 계산은 청약의 기본이다. 가점 계산은 총 3가지 항목으로 구성된다. 무주택기간, 부양가족, 청약통장 가입기간이다.

총점 84점, 3가지 항목으로 구성된 가점 계산표

가점항목	가점상한	가점구분	점 수	가점구분	점 수
무주택 기간	32	1년 미만	2	8년 이상~9년 미만	18
		1년 이상~2년 미만	4	9년 이상~10년 미만	20
		2년 이상~3년 미만	6	10년 이상~11년 미만	22
		3년 이상~4년 미만	8	11년 이상~12년 미만	24
		4년 이상~5년 미만	10	12년 이상~13년 미만	26
		5년 이상~6년 미만	12	13년 이상~14년 미만	28
		6년 이상~7년 미만	14	14년 이상~15년 미만	30
		7년 이상~8년 미만	16	15년 이상	32
부양 가족수	35	0명	5	4명	25
		1명	10	5명	30
		2명	15	6명 이상	35
		3명	20		
입주자 저축 가입기간	17	6개월 미만	1	8년 이상~9년 미만	10
		6개월 이상~1년 미만	2	9년 이상~10년 미만	11
		1년 이상~2년 미만	3	10년 이상~11년 미만	12
		2년 이상~3년 미만	4	11년 이상~12년 미만	13
		3년 이상~4년 미만	5	12년 이상~13년 미만	14
		4년 이상~5년 미만	6	13년 이상~14년 미만	15
		5년 이상~6년 미만	7	14년 이상~15년 미만	16
		6년 이상~7년 미만	8	15년 이상	17
		7년 이상~8년 미만	9		

무주택기간

무주택기간은 청약자 및 배우자를 기준으로 산정된다. 무주택을 유지하면서 청약자의 만 30세 연령부터 현재까지의 기간이다. 주택을 소유했었다면 그 주택을 처분하여 무주택자가 된 날부터 무주택기간을 계산한다. 주택을 소유한 적이 없는 청약자가 만 34세라면 무주택기간은 10점이 된다.

만약 만 30세가 되기 전 혼인을 했다면 혼인 신고일로부터 만 기간을 계산한다. 만 26세에 결혼하여 부부가 무주택을 유지하면서 현재 만 34세라면 무주택기간은 8년으로 18점을 부여 받는다. 이 때에 배우자의 연령은 무관하다.

무주택기간으로 간주하는 몇 가지 경우가 있다. 간단하게 소개하기 앞서 자세한 내용은 국토교통부(1599-0001)와 금융결제원(1577-5500)을 통해 반드시 확인해야 한다. 무주택기간을 잘못 계산해서 부적격 판정을 받는다면 그로 인한 기회비용의 손실이 매우 크기 때문이다.

입주자 모집공고일 기준 전용면적 60㎡ 이하 주택을 1호만 소유하면서 수도권은 1억 3,000만 원 이하, 비수도권은 8,000만 원 이하인 경우 무주택으로 간주한다. 공시지가 기준이고 국토교통부에서 확인 가능하다. 또한 상속으로 공유지분을 취득한 상태(유주택)에서 분양 당첨을 받았다면 부적격통보를 받게 되는데, 부적격통보를 받은 날부터 3개월 이내에 그 지분을 처분하면 당첨으로 인정받는다. 일반청약 시 60세 이상의 직계존속이 주택을 소유하고 있는 경우에도 무주택으로 본다. 이 외에도 무주택으로 판정하는 기준들이 있다. 반드시 확인 바란다.

부양가족수

배우자는 부양가족에 포함된다. 사정에 의해 서로 다른 주소지에 세대가 분리되었어도 청약에서 부부는 한 몸으로 간주하기 때문에 부양가족으로 인정한다. 남편이 청약할 때는 부인이 부양가족으로 인정되고, 반대로 부인이 청약할 때는 남편이 부양가족이 된다. 세대주 여부와는 관계 없다.

직계존속은 청약자 본인부터 위의 친족, 즉 본인을 출산한 부모, 조부모를 말한다. 직계존속이 부양가족으로 인정받으려면 청약신청자가 세대주여야 하고, 직계존속이 같은 주민등록등본에 3년 이상 등재되어 있어야 한다. 배우자 분리세대의 경우 세대주가 배우자여야 하고 마찬가지로 직계존속이 3년 이상 주민등록등본에 함께 등재되어야 한다.

직계비속은 청약자 본인부터 아래의 친족, 즉 본인을 통해 출산한 자녀, 손자녀를 말한다. 직계비속이 부양가족으로 인정받으려면 동일주민등록등본에 만 30세 미만의 미혼자녀가 등재되어 있어야 한다. 배우자 분리세대인 경우 배우자 등본을 포함하며, 미혼자녀가 만 30세 이상인 경우 1년 이상 같은 주민등록등본에 함께 등재되어야 한다. 손자녀의 경우 부모가 모두 사망한 경우 미혼인 손자녀는 부양가족으로 인정받는다.

같은 주민등록등본에 부부와 자녀가 거주하면 계산이 쉽지만 거주 관계가 복잡한 경우 반드시 금융결제원에 문의해야 한다. 부양가족 1명 당 5점으로 계산하고 부양가족 비중이 전체 합계에서 가장 크기 때문에 확인, 재확인을 요한다.

청약통장 가입기간

청약은 국민은행 사이트나 금융결제원 아파트투유에서 진행하게 되는데, 청약통장 가입기간은 자동으로 계산된다. 청약 전에 정확한 가점 계산을 하려면 모바일, 인터넷, 고객센터를 통해 가입한 날짜 기준 만 기간으로 직접 따져본다.

당첨 커트라인 미리 예상하라

광고를 통해 모델하우스 오픈 소식을 접하고 직접 방문한다. 내가 보기에 예뻐 보이는 평면에 청약한다. 운 좋으면 붙고, 아니면 말고. '역시 되는 사람은 따로 있다' 속으로 생각한다. 이 패턴을 반복하다가 지쳐서 청약에서 손 뗀다.

히스토리 들추기

어떤 부동산 투자종목이든 매수 대상지가 있을 때 인근의 거래사례 비교가 가장 쉬우면서도 정확하다. 현장에 가지 않아도 국토교통부 실거래가 조회와 인터넷 시세조회로 손쉽게 비교할 수 있다. 청약에 적용해보자. 관심 청약지 인근에 최근 분양했다면 가장 좋다. 부동산 분위기가 초단기간에 출렁이긴 힘들기 때문에 적절한 비교 대상이 된다. 먼저 분양했던 아파트 분양가를 토대로 당시 청약 분위기가 기준점이 된다. 만약 주변 시세보다 저렴하게 분양했다면 청약 과열 뉴스기사를 보았을 거고, 비싸게 분양했다면 미분양 소식을 접하게 되었을 거다.

아파트를 공급하는 사업주체는 되도록 비싸게 분양해 최대한 많은 이익을 보길 원할 것이고, 청약자 입장에서는 저렴한 분양가로 분양 받아 거주하면서 시세상승을 노리거나 투자수익을 얻길 원한다. 이렇듯 양쪽 간 팽팽한 줄다리기 상황이 청약자 입장에서는 기회가 된다. 분양가가 너무 저렴하면 높은 가점 보유자들의 잔치가 될 것이고, 너무 비싸면 예비청약자들이 청약을 포기할 것이기 때문이다.

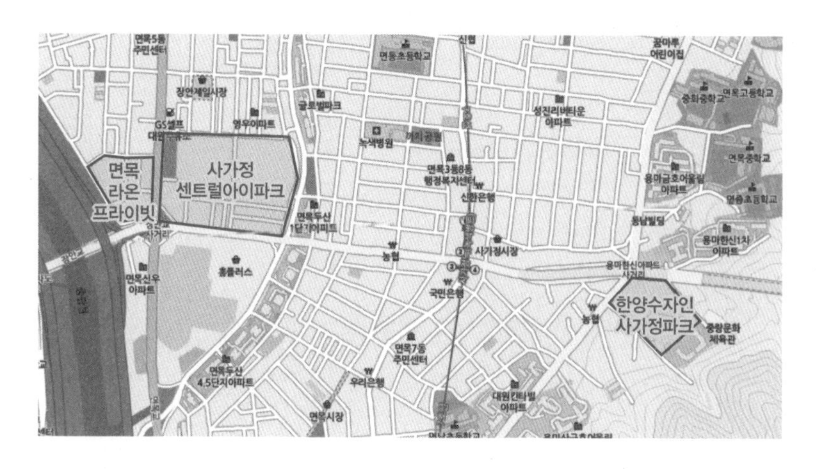

2017년 9월부터 매달 분양했던 중랑구 면목동의 분양 아파트들

2017년 하반기 서울시 중랑구 면목동 분양 아파트

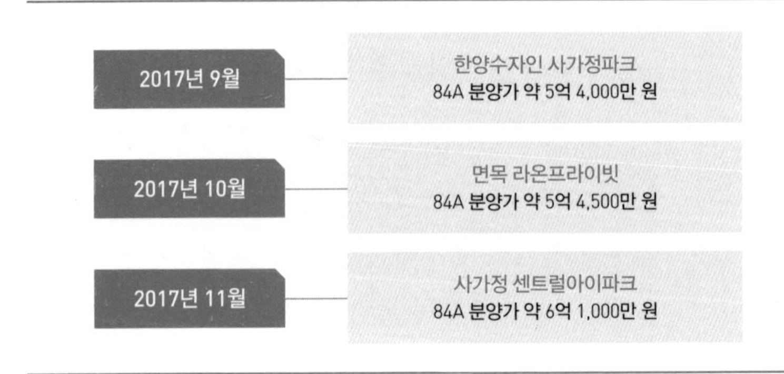

2017년 하반기에 서울시 중랑구 면목동에서 분양했던 3개의 아파트를 보자.

9점의 가점으로 당첨되었던 한양수자인 사가정파크의 청약결과

한양수자인 사가정파크					
주택형	공급세대	접수건수	경쟁률	가점 최저	가점 최고
59A	1	115	115.00	-	-
74A	31	267	8.61	**41**	69
74B	6	23	3.83	**31**	62
74C	21	134	6.38	**41**	67
74D	12	35	2.92	**28**	60
84A	25	225	9.00	**46**	69
84B	20	93	4.65	**37**	62
84C	9	32	3.56	**39**	48
84D	15	26	1.73	**9**	51
84E	14	32	2.29	**26**	62
84F	28	120	4.29	**36**	64

2017년 9월 기준

2017년 9월 한양수자인 사가정파크의 청약 분위기는 타 서울 지역에 비해 잠잠한 편이었다. 그래도 모두 서울 지역 1순위로 마감했다. 84D 타입의 경우 최저 당첨가점은 9점을 기록했다. 가장 높은 커트라인을 보이는 평형은 84A 타입이었다. '면목동에서 5억 원이 훌쩍 넘는 아파트를?'이라 여기고 일단 관망했던 예비청약자들은 안심을 하거나 생각보다 당첨 커트라인이 낮음을 확인하고 약간의 후회를 했을 수도 있다.

그 다음 달에 면목 라온프라이빗을 분양했다. 분양가는 거의 비슷했다. 한양수자인에 청약을 안 했던 예비청약자의 심리는 어땠을까.

가점 커트라인이 높아진 면목 라온프라이빗의 청약결과

면목 라온프라이빗					
주택형	공급세대	접수건수	경쟁률	가점 최저	가점 최고
50	3	109	36.33	**55**	67
59A	12	176	14.67	**42**	59
59B	11	186	16.91	**49**	67
59C	10	95	9.50	**44**	57
59D	8	76	9.50	**47**	64
68	17	134	7.88	**38**	62
84A	40	144	3.60	**34**	65
84C	13	52	4.00	**31**	68
84C	68	298	4.38	**35**	61
95	17	142	8.35	**43**	65

2017년 10월 기준

안심하고 청약한다. 동네에서 먼저 분양한 아파트가 성공적으로 계약을 마친 것을 확인했기 때문이다. 결과를 보면 알 수 있다. 최저 당첨 커트라인은 31점으로 지난달에 보았던 10점 이하의 가점 커트라인이 여기선 안 보인다.

이제 9월, 10월을 지나친 예비청약자가 11월 사가정 센트럴아이파크를 마지막으로 당분간 면목동에 신규 아파트 분양이 없을 거라는 사실을 접했을 때 선택을 상상해보자. 일단 분양가를 살펴보니 전에 분양했던 아파트 두 곳보다 약 5,000만~6,000만 원 이상 높은 가격이다. 왜 그럴까?

'일단 역에 조금 더 가깝고 인지도가 보다 높은 건설사니 그럴 수 있지.'

'괜히 내가 막차 타고 호구가 되는 것이 아닐까.'

애매한 분양가에 마지막 분양이라고 하니 청약 결정까지 이런 식의 팽팽한 내적 싸움이 일어나는데 비단 나뿐만 아니라 다른 모든 예비청약자들의 마음도 비슷하다. 이 사실을 알고 있다면 이 전의 당첨 기록과 비교하여 장단점을 골라내니 결국 비슷한 가점 커트라인을 보일 거라는 결론에 도달한다. 그 결과를 보자.

9월와 10월에 분양했던 가점 수준과 다소 비슷한 결과가 나왔다. 여기서 한 번만 다시 상상해보자. 만일 84A 6억 1,000만 원의 분양가보다 5,000만 원 저렴하게 분양했다면? 가점 커트라인은 최소 10점 이상 올라갔을 것이다. 가격이 같다면 비교우위에 놓인 이 아파트의

면목동 2017년 마지막 분양 아파트인 사가정 센트럴아이파크의 청약결과표

사가정 센트럴아이파크					
주택형	공급세대	접수건수	경쟁률	가점 최저	가점 최고
59A	74	999	13.50	**52**	74
59B	38	287	7.55	**41**	63
84A	444	1,896	4.27	**35**	74
84B	259	530	2.05	**22**	69
114A	26	106	4.08	**33**	64
114B	25	69	2.76	**27**	58

2017년 11월 기준

가치를 청약시장에서는 아주 정직하게 반영해주기 때문이다.

구조적으로 예상하기

2018년 2월 과천 재건축 단지인 과천 센트럴파크푸르지오써밋을 분양했다. 당시 시세보다 저렴한 데다 수도권 주거 최고 선호지로 꼽히는 과천에 새 아파트를 공급한다니 청약 시장을 들썩이는 뉴스들과 각종 정보들이 쏟아 졌다. 청약 과열은 누구나 예상하는 바였다. 그러나 사람들이 간과한 한 가지 변수가 있었다.

어떤 사업을 시작하든 먼저 따져보는 건 시장규모다. 청약에서도 마찬가지로 청약자 규모가 가장 기본이다. 과천시의 인구는 2016년 기준 약 6만 1,000여 명이다. 과천시는 투기과열지구로 세대주만 청약할 수 있다. 그럼 인구수가 중요할까 가구(세대)수가 중요할까? 과

과천 센트럴파크푸르지오써밋의 청약결과표

과천 센트럴파크푸르지오써밋					
주택형	공급세대	접수건수	경쟁률	가점 최저	가점 최고
59A	123	235	1.91	**29**	77
		-	-	-	-
59T	58	77	1.33	**23**	62
		2,081	-	-	-
84A	162	139	0.86	-	-
		2,840	123.48	**64**	78
84B	11	12	1.09	**15**	56
		90	-	-	-
84C	43	45	1.05	**18**	69
		291	-	-	-
84T	31	16	0.52	-	-
		498	33.20	**56**	69
101A	3	80	26.67	**53**	59
101T	2	23	11.50	**54**	54
114A	1	33	33.00	**61**	61

2017년 1월 기준

천시 청약에서는 당연히 가구수가 중요하다. 약 2만 가구다. 이중에서 또 어떤 이들을 뽑아내면 될까. 청약 가능인구를 뽑아낸다. 그리고 수도권 자가비율(무주택을 걸러내는 가장 중요한 지표)을 계산한다. 또한 과천 센트럴파크푸르지오써밋의 전용면적 85㎡ 초과에는 중도금 대출이 나오지 않기 때문에 10억 원이 넘는 아파트의 중도금 6억 원과 계약금 1억 원을 낼 수 있는 세대는 당연히 소수일 거라는 가정이 나온다.

여러 변수를 조합하니 과천 당해 청약자는 당시 예상하기로 500~600명 수준일 것 같았다. 또한 전용면적 84㎡ 2개 타입이 당해 미달 가능성이 있다는 생각이 들었고, 해당 내용을 필자가 운영하는 블로그에 미리 업로드해 청약에 도움이 될 수 있도록 하였다.

결과는 적중했다. 청약자 절대수와 중도금 대출여부, 투입되는 현금, 1순위 청약 규제, 그리고 단지가 가진 특성들을 조합하면 예상 커트라인이 나오고, 그에 따라 선택하게 되면 남들이 모두 갖고 싶어하는 아파트를 낮은 가점으로도 무리 없이 가질 수 있는 것이다.

타워형 판상형 뽀개기

보통 사람들은 다수에 속해 있을 때 안정감을 느낀다. 특히 아파트 청약으로 내 집 마련을 꿈꾸는 예비청약자들은 투자 경험이 없기 때문에 위험기피성향이 매우 강하다. 전월세 보증금은 잃을 것이 없는 돈으로 인식하는 반면, 내 명의로 된 아파트를 갖기 위해 지불하는 돈은 절대로 없어지면 안 된다고 생각한다.

따라서 모두가 좋다고 (돈이 된다고) 평가하는 아파트에 청약하면서도 '아파트 값이 떨어지면 어떡하지'라는 불안감 때문에 안정감을 주는 평형과 타입으로 선택이 좁아진다. 평면이 'ㄱ'자 또는 'ㄴ'자로 보이는 2베이 타워형보다 채광과 환기가 우수하다는 3베이, 4베이 판상형을 선택한다는 것이다. 그렇다면 이 선택이 최선일까?

많은 예비청약자들은 '나는 로얄동, 로얄호수에 당첨될 거야'라는 대단히 큰 착각에 빠져 있다. 주택청약시스템을 한 번이라도 찾아 공

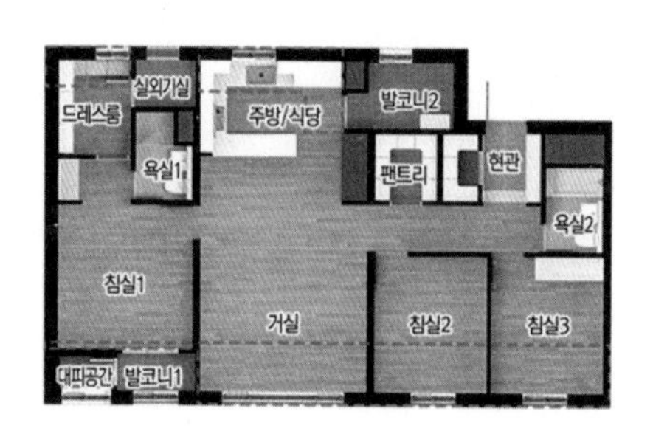

판상형

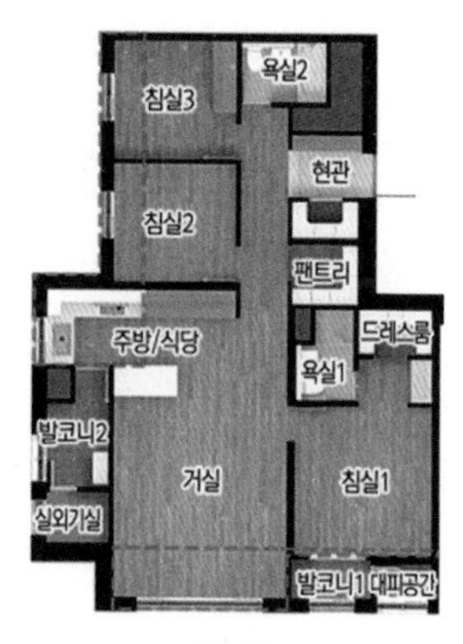

타워형

일반적인 4베이 구조의 판상형과, 'ㄴ','ㄱ'자로 설계된 타워형

부해본 예비청약자들은 알겠지만 아파트 동호수 당첨은 내 의지로 하는 선택이 아닌 소위 말하는 '뺑뺑이'다. 철저히 '운'이라는 말이다. 하향 지원하여 당첨 자체에 목표를 둔다면 어떨까.

보통 사람들의 심리 메커니즘을 뒤집어 생각하는 역선택이 필요하다. 왜냐하면 오늘의 분양가는 내일엔 볼 수 없는 가격이 되기 때문이다. 아파트 청약은 최대한 빨리 당첨되어야 현재 기준 가장 싼 가격을 누릴 수 있는 것이다.

이미 완공 후 입주가 완료된 아파트들의 시세 흐름을 자세히 들여다보면 판상형과 타워형의 가격차이가 생각보다 크지 않다. 오히려 푸른 숲과 시원한 수변 조망이 확보된 타워형일 경우 앞 건물에 일조권과 조망이 막힌 판상형보다 시세가 훨씬 높기도 하다. 동마다 조망

위례 호반베르디움 청약경쟁률

			접수건수	경쟁률
98A	617세대	당해	743	4.02
		기타경기	925	12.06
		서울인천	1,260	8.48
98B	123세대	당해	363	9.81
		기타경기	**435**	**30.44**
		서울인천	547	21.03
98C	229세대	당해	325	4.71
		기타경기	401	14.28
		서울인천	567	10.33
98D	129세대	당해	51	1.31
		기타경기	**51**	**2.42**
		서울인천	88	1.95

차이가 거의 없는 아파트 단지라 하더라도 실제로 실거래가를 조회하거나 매물 시세를 찾아보면, 판상형과 타워형 가격의 드라마틱한 차이는 없다는 걸 알 수 있다.

2014년 8월에 분양했던 위례 호반베르디움 청약경쟁률을 살펴보자. 98㎡ 단일 평형으로 구성됐고 당시 분양권 시장 분위기는 폭발 직전의 고요함을 보였다.

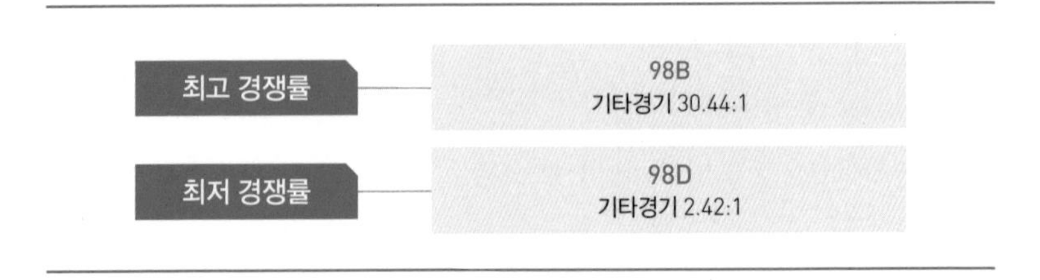

A와 B는 전형적인 4베이, C는 변형된 4베이, D는 타워형이다. 보통의 청약자라면 A 또는 B를 선택한다. 경쟁률이 높을 것이라 누구나 예상하지만 이를 피한 선택을 D로 하려 해도 공인중개사나 지인들에게 조언을 구하면 이들 모두 D를 추천하지 않는다. 하지만 여기서 중요한 건 4베이 구조인 A, B, C와 엄청난 격차로 D의 경쟁률이 적게 나왔다는 거다.

아래 표는 2018년 1월, 2월 실거래가 상황이다. 어떤 면적이 D 타입일지 구별이 되는가? 가장 위에 있는 전용면적 98.58㎡가 D 타입이다. 결국엔 당첨 자체가 중요하다는 팩트를 몇 년이 지나야 깨닫게 된다. 이런 사실 때문에 청약 전 인근지역의 최근 아파트 경쟁률 확

위례 호반베르디움 실거래가

2018년 1월		
전용면적	**계약일**	거래금액(층)
98.58	11~20	**9억 8,700만 원**(17)
98.7		
98.88	11~20	**9억 6,500만 원**(18)
		9억 4,500만 원(17)
	21~31	**9억 7,000만 원**(21)
98.95	11~20	**9억 8,000만 원**(15)

2018년 2월		
전용면적	**계약일**	거래금액(층)
98.58	1~10	**9억 8,700만 원**(17)
98.7	1~10	**10억 9,000만 원**(12)

신촌숲 아이파크의 청약경쟁률

	구조	경쟁률	공급세대	접수건수
84A	3베이	54.55	66세대	3,600
84B	4베이	**71.47**	73세대	5,217
84C	타워	**35.02**	87세대	3,047
84D	타워	65.27	11세대	718

인이 매우 중요하다.

이 패턴은 모든 경우에 적용되지는 않는다. 2016년 10월에 분양했던 신촌숲 아이파크의 청약경쟁률을 보자. 눈 여겨 볼 것은 84B와 84C의 경쟁률이다. 각각 71:1 과 35:1의 경쟁률을 기록했다. 서울 최고인기 청약단지에서도 판상형과 타워형의 선호차이는 현격하다. 그러나 위 표를 보면서 한 가지 질문이 떠올라야 한다.

분명 판상형보다 타워형의 선호도가 낮기 때문에 경쟁률도 낮아야 하는데 84D의 경쟁률을 보면 65:1로 3베이인 84A보다 높고 84B의 경쟁률과는 별 차이가 나지 않는다. 이유는 공급세대수에 있다. 다른 타입에 비해 D 타입은 11세대에 불과하여 상대적으로 접수건수 비율이 높아져 일반적 사실을 뒤집는 결과가 나오기도 하는 것이다.

따라서 기본적으로 판상형·타워형 차이 선호를 염두에 두고, 그 외 변수인 공급세대수, 조망 등을 고려하여 종합적인 시각으로 판단하면 보다 정확한 예측이 가능하다.

청약경쟁률 속 숨은 비밀

연구하기 좋아하고 숫자와 친한 이들을 위한 장이다. 아파트 청약을 마치면 청약경쟁률을 조회해 볼 수 있다. 화면에 뿌려지는 경쟁률 숫자가 사실일까, 아니면 또 다른 해석이 필요할까.

"평택시에 1년 이상 계속 거주한 자에게 30%를 우선공급하며, 20%를 경기도에 6개월 이상 거주한 자에게, 50%를 전국(서울특별시, 인천광역시 및 기타지역) 거주자에게 공급합니다."

2017년 3월에 분양했던 평택 고덕신도시 파라곤의 모집공고 중 일부를 가져왔다. 공고에 따르면 각 지역과 거주기간 별로 30%, 20%, 50%의 주택 수 배정을 구분해 놓았다. 예를 들어 59A에 200세대를 모집한다고 하면, 평택시 1년 이상 거주자에게 60세대, 경기도에 6개월 이상 거주자에게 40세대, 나머지 100세대는 전국 청약자에게 배정한다는 뜻이다.

평택 고덕신도시 동양파라곤의 청약경쟁률

			접수건수	경쟁률
71	143세대	당해	4,143	96.35
		경기	6,924	380.14
		기타	6,579	247.52
84	189세대	당해	1,934	33.93
		경기	3,936	152.97
		기타	4,956	114.16
110	265세대	당해	97	1.21
		경기	280	5.60
		기타	636	6.67

이렇게만 놓고 보면 평택시 사람들에게 불리해 보인다. '평택시에서 분양하는 아파트인데 평택시민에게 고작 30%만?'이라고 생각할 수 있는데 오산이다. 일단 청약경쟁률에서 보여지는 대로 계산을 해 보자.

71㎡는 143세대의 일반분양을 진행했다. 30%, 20%, 50% 비율로 나누면 평택시 청약자에 43세대, 경기 6개월 이상 거주자에 29세대, 그 외 전국 청약자에 71세대를 배정했다. 각 지역별 청약 접수건수를 세대로 나눠보면 평택시는 96.35 대 1, 경기 6개월 거주자는 238.76 대 1, 전국 청약자는 92.66 대 1이 나와야 한다. 그런데 결과는 평택시 경쟁률을 제외하곤 훨씬 높다. 이유는 무엇일까.

이렇게 지역별로 배정세대 비율이 다른 아파트를 분양하는 경우엔, 당해 경쟁에서 낙첨된 청약자가 경기 6개월 이상 거주 청약자들과 함께 다시 경쟁을 붙는다. 여기서도 낙첨됐다면 전국 청약에서 마지막 경쟁을 치르게 된다. 금융결제원 아파트투유 청약시스템에 안내된 내용이다.

이를 바탕으로 다시 계산해보면, (평택시 당해 경쟁률은 변화가 없다) 경기 6개월 이상 거주 청약자수 6,924명에 당해 접수자 4,143명에서 당첨된 43명을 뺀 숫자를 더하면 실제 청약자 수는 1만 1,024명이다. 1만 1,024명에 배정된 29세대를 나누게 되면 380.14 대 1이 계산된다.

마지막 경기 6개월 거주 청약에서 경쟁한 전체 청약자 1만 1,024명 중 당첨된 29세대를 빼고 전국 청약자 6,579명을 더하면 전국 실제 청약자수는 1만 7,574명이고 71세대로 나누면 247.52 대 1이 정확하게 계산된다. 여기서 알 수 있는 결론은 당해 청약자는 세 번의 당첨기회를 얻게 된다는 것이다.

이 순서대로라면 경기 6개월 이상 거주자에겐 두 번의 당첨기회를, 전국 청약자에겐 단 한 번의 당첨기회가 부여된다는 점을 알 수 있다. 여기서 한 발짝 더 나아가서 생각을 해보자. 당해 서주자의 경쟁률은 정말 96.35대 1로 마무리될까? 주어진 총 세 번의 기회, 즉 경우의 수를 감안해 확률을 계산해야 정확한 경쟁률이 나온다.

1 당해에서 붙을 확률

2 당해에서 떨어지고 기타경기에서 붙을 확률

3 당해와 기타경기에서 떨어지고 기타지역에서 붙을 확률

이 경우의 수를 전부 더한 것이 당해 청약자의 실질 경쟁률이다.

이렇게 계산하고 나면 경쟁률 표에서 보이는 숫자보다 훨씬 낮은 경쟁률이 산출된다. 실전에 적용 시 이런 식으로 직접 계산할 필요는 없다. 메커니즘만 이해해 놓고 청약하면 된다.

기타경기 청약자의 실질 경쟁률은 기타경기에서 떨어지고 기타지역에서 붙을 확률을 더한다. 기타지역 청약자의 실질 경쟁률은 단 한 번의 기회만 주어지기 때문에 표에서 보이는 숫자 그대로다.

지금까지 경쟁률이 3곳으로 분산되는 지역의 아파트를 봤다. 이번엔 당해마감인 아파트 경쟁률을 살펴보자.

1순위 청약 미달 시 다음 날 2순위 접수 결과

서울 연희파크푸르지오						
112.8619 (145.2545)	33	1순위	해당지역	13	(▲20)	2순위 해당지역 마감 (청약 접수 종료)
			기타지역	5	(▲15)	
		2순위	해당지역	97	6.47	
			기타지역	22	-	

2016년 11월에 분양한 서울 연희파크푸르지오의 전용면적 112㎡ 경쟁률 결과를 보자. 1순위 당해지역(서울)에서 청약자수 미달, 기타지역까지 미달되어 2순위 해당지역에서 마감했다.

'33세대를 뽑는데 1순위 해당지역에서 13개 통장이 들어왔고 빈자리는 20자리다. 그러니 기타지역에 출전권을 주겠다. 그런데 5명만 참여했네? 너네 빼고 15자리 남아. 그럼 이 자리를 2순위 참여자

에게 줄게.'

그리하여 최종 97÷15=6.47:1 경쟁률이 나오는 것이다.

경쟁률에 대한 이해를 했다면, 실전에서는 청약 전 가장 먼저 모집 공고를 살펴보자. 내가 어느 지역 청약자인지, 어느 지역에 당첨자를 몇 세대 뽑는지, 그럴 경우 나한테 적용되는 당첨 확률이 어떻게 될지 상상해 본다. 그래야 헛다리 짚지 않는다. 청약 관심지를 분석하느라 시간과 마음 다 쏟았는데 기회조차 오지 않은 채 당해마감되면 상실감이 크다.

만약 모든 세대원이 함께 청약했다면, 당해지역의 당첨 가능성은 매우 높아진다. 당첨은 남의 얘기가 아닌 내 얘기가 되고, 이건 결코 운에서 나온 결과가 아닌 정확한 분석과 올바른 선택의 결과인 것이다.

85㎡ 이상
중대형에도 기회 있다

국민주택규모 85㎡ 면적 이하를 중소형 아파트라고 부른다. 중소형 아파트가 왜 인기일까? 초혼 연령이 높아지고 출산율이 감소하면 1~2인 가구가 증가해 전체 가구 규모에 맞는 면적의 아파트로 다운사이징하는 것이다. 주거비도 부담이다. 직장이 가깝고 교육이 용이한 '누구나 살고 싶어 하는 아파트'의 가격 상승은 가계소득과 물가 상승률을 훨씬 뛰어넘는다. 이 때문에 초역세권에는 넓고 비싼 아파트보다 원룸·투룸 위주의 오피스텔이 많다.

아파트 공급주체는 이런 추세에 맞춰 중소형 아파트의 비중을 높인다. 국민주택규모대표면적 84㎡(약 34평형)를 포함, 소형 아파트의 대명사 59㎡(약 25평형), 74㎡(약 30평형)와 같은 틈새 면적도 분양한다. 부동산 리서치업체 리얼투데이의 자료에 따르면 최근 10년간 전용면적 85㎡ 초과 중대형 아파트의 공급이 꾸준히 감소했다. 전용면적

85㎡ 초과 아파트의 공급 비율은 2010년 약 34%로 최고치를 기록한 후 2016년엔 약 8%로 급감했다.

그럼에도 불구하고 중대형 수요는 분명 있다. 출가했어도 주거비 부담 때문에 부모 품으로 다시 돌아오는 리터루족이 늘고 있고, 그 외에도 맞벌이 부부가 자녀 출산 후 육아 때문에 부모와 합가하는 경우, 자녀를 출가시킨 후에도 넓은 아파트에 익숙해져 좁은 집으로 이사 가기 꺼려하거나 손주들을 주말마다 초대하여 넓은 집에서 놀게 해주고 싶은 조부모의 배려 등 많은 이유가 있다.

중대형 아파트가 필요한 절대 수요는 항상 존재하면서 공급이 줄어드는 현재, 청약에서는 어떤 패턴을 보일까 검증해보자. 실제 아파트 청약에서 전용면적 85㎡를 기준으로 사례를 분석해보자.

2017년 12월에 분양했던 시흥 장현지구 C2블럭 모아미래도의 청약경쟁률을 보자(다음 페이지 표 참조). 장현지구는 월곶판교선, 소사원시선, 신안선의 트리플 역세권 예정지로 유망하다. 게다가 보금자리 지구이기에 보다 저렴한 분양가로 책정됐다. 총 2개 면적, 3개 타입으로 분양했고 전용면적 85㎡ 초과는 105㎡ 한 개의 타입이 있었다. 각 타입마다 경쟁률이 세 가지로 나뉜 것은 당해(시흥), 기타경기, 기타지역으로 각각 세대수가 배정되었기 때문이니 참조한다.

3개 평면은 모두 정남향을 바라보고 신도시에서 분양하는 소위 '잘빠진' 4베이 구조로 설계되었다. 전용면적 105㎡를 포함한 동은 단지 내에서 가장 남측에 배치하여 일조권과 조망을 확보시켜 놓았

시흥 장현지구 모아미래도의 청약결과

장현 모아미래도					
주택형	공급세대	접수건수	경쟁률	가점 최저	가점 최고
84A	490	590	4.01	**34**	69
		1,025	14.98	**55**	69
		568	7.91	**51**	74
84B	61	82	4.56	**28**	64
		134	16.50	**47**	62
		67	8.16	**37**	62
105	242	249	3.41	**14**	69
		404	12.08	**40**	52
		135	5.51	**28**	56

2017년 12월 기준

다. 84B와 105 사이에 선을 한 줄 그어보자. 중소형과 중대형의 구분선이다. 경쟁률과 가점 커트라인 차이가 보이는가? 시흥시 거주 청약자라면 28점과 14점의 차이, 기타경기 거주 청약자라면 37점과 28점의 차이다. 서울에 거주하는 내 가점이 만약 30점이라면? 전용면적 84㎡엔 떨어지고 105㎡엔 붙는다. 당락을 결정하는 엄청난 차이다. 만약 시흥 장현지구에 실거주용으로 무조건 당첨을 받아야 하는 상황이라면 낙첨되었을 경우 이후 분양건들을 계속 주시해야 하는 피곤함을 겪어야 한다.

좀 더 앞선 과거로 가보자. 과연 이 패턴이 계속 반복되었을까.

광명역 KTX파크자이 2차의 청약결과

			청약가점		
		경쟁률	최저	최고	평균
59A	당해	70.69	66	76	66
	기타경기	237.77	68	74	68
	서울인천	139.95	66	75	68
59B	당해	17.22	55	64	60
	기타경기	45.83	55	67	59
	서울인천	25.80	53	66	57
84A	당해	10.09	57	66	61
	기타경기	28.20	57	74	61
	서울인천	16.11	54	66	58
84B	당해	39.18	67	74	70
	기타경기	143.33	69	77	73
	서울인천	86.84	66	79	69
84C	당해	27.82	60	69	64
	기타경기	85.12	60	71	63
	서울인천	48.60	60	70	63
97A	당해	9.79			
	기타경기	32.73			
	서울인천	17.89			
97B	당해	3.82			
	기타경기	**10.50**			
	서울인천	**5.79**			

2015년 12월에 분양한 광명역 KTX파크자이 2차의 청약경쟁률을 보자. 앞에서 했던 것처럼 전용면적 85㎡ 기준인 84C와 97A 사이에 선을 긋는다. 그리고 59A 기타경기의 경쟁률과 97B 기타경기 경쟁률을 비교해보자. 22배 이상 차이다. 굉장하지 않나. 전매제한 기간은 1년, 전매가 풀리자마자 프리미엄은 비슷한 수준이었고 입

주가 가까워질수록 97㎡ 절대상승가격은 59㎡, 84㎡ 상승폭을 뛰어 넘었다.

청약 당시를 회상해보면 중대형에 청약하는 것은 두려움이 있었다. 평당 가장 높은 분양가와 완성되지 않아 텅텅 비어 있는 광명KTX역세권부지, 광명시의 절대 강자인 철산역 부근 아파트가 튼튼히 버티고 있는 상황에서 그에 비준할 수 있을까 하는 판단이 필요했다. 호재와 두려움을 극복하기 위해선 정확한 사실체크와 감당 가능한 자금체크가 필요하다.

물론 이 패턴을 모든 지역에 적용하긴 무리다. 재건축 아파트에서 조합원 배정 세대를 제외한 일반 분양 세대가 85㎡ 초과 면적에서 10세대 이하로 분양한다면 이 때 경쟁률과 가점 커트라인은 폭발적일 수 있다. 중소형이냐 중대형이냐 따지기 앞서 기본 입지에 대한 배경지식을 갖추고, 적정 분양가에 대해 고민하고, 중대형을 보유할 수 있을 만한 자금이 되는지 스스로 점검한 후 최종결정을 해야 한다.

특별공급에 주목하라

2017년 11월 국토교통부는 사회통합형 주거사다리 구축을 위한 '주거복지로드맵'을 발표했다. 총 82쪽에 달하는 내용 중에 청약과 관련된 내용은 크게 3가지다.

1 다자녀가구 특별공급 제도개선

2 특별공급 인터넷 접수 및 예비입주자 확대

3 신혼부부 특별공급 확대

다자녀가구 특별공급 제도개선

2018년부터 시행되고 있는 부분이다. 만점이 65점에서 100점으로 개선되었다. 만 6세 이하의 영유아 자녀수에 따른 배점을 높였고, 자녀수에도 점수 차등을 주었다. 2018년 이전에 다자녀 특별공급을 신

개정된 다자녀 특별공급의 배점표(100점 만점)

평점요소	총 배점	청약가점	
계	100	기준	점 수
미성년 자녀수	40	5명 이상	40
		4명	35
		3명	30
영유아 자녀수	15	3명 이상	15
		2명	10
		1명	5
세대구성	5	3세대 이상	5
		한부모 가족	5
무주택기간	20	10년 이상	20
		5년 이상~10년 미만	15
		1년이상~5년 미만	10
해당 시·도 거주 기간	15	10년 이상	15
		5년 이상~10년 미만	10
		1년이상~5년 미만	5
입주자저축 가입기간	5	10년 이상	5

청해보았던 청약자는 바뀐 기준을 확인하고 정확한 점수 계산을 하기 바란다.

특별공급 인터넷 접수 및 예비당첨자 선정

2018년 6월부터 특별공급 대상자는 현장 접수가 아닌 인터넷으로 접수하게 되었다. 그 동안 현장 접수가 불편하긴 했어도 대면상담을 통해 부적격 요인을 최소화할 수 있었다. 하지만 인터넷 접수는 청약자의 입력 착오 및 오류 발생 가능성이 높아 부적격자가 꾸준히 발생될 수 있다. 접수가 편해졌다는 장점과 부적격자 대거 발생 가능성, 접수자가 많아져 경쟁이 늘어난다는 단점 중 어떤 것이 실수요자에게 더 크게 작용할지는 각자 판단할 문제다.

특별공급 종류 중 신혼부부 특별공급의 신청자가 가장 많고 노부모부양 특별공급과 다자녀 특별공급 신청자는 배정세대 대비 신청자 미달이 많이 발생하는 편이다. 때문에 당국은 이 사실에 착안하여 새 정책을 내놓은 것인데, 요지는 쏠려 있는 쪽에서 예비당첨자를 선정해 덜 쏠리는 쪽으로 분산한다는 것이다. 하지만 이 또한 부작용이 있다. 애초부터 예비당첨을 노리고 청약하는 사람들이 생길 여지를 준 것이다.

신혼부부 특별공급 확대 및 개선

공공분양아파트의 경우 신혼부부 특별공급 대상 세대를 현 15%에서 30%로 늘리고, 민영아파트에서는 현 10%를 20%로 확대한다는 내용이다. 또한 다음 페이지 표와 같이 신혼부부 특별공급 자격을 완화시켰다.

신혼부부 특별공급을 포함한 모든 특별공급 대상 아파트(투기과열지구 소재)는 9억 원 이하의 주택에서만 운영된다. 9억 원 초과 주택은 전 세대 일반공급으로 분양된다. 9억 원 이상 주택을 전 세대 일반공급

변경되는 신혼부부 특별공급 접수 기준

민영아파트			
	이전	개선안	
비율	10%	15%	5%
소득기준	도시근로자 월평균 소득 100% (맞벌이 120%)	도시근로자 월평균 소득 100% (맞벌이 120%)	도시근로자 월평균 소득 120% (맞벌이 130%)
입주자 선정방식	혼인기간, 자녀 수 기준	자녀 수 기준 순위, 동일시 추첨	자녀 수 기준 순위, 동일시 추첨
주택가격	제한 없음	9억 원 이하 주택	9억 원 이하 주택

으로 분양하는 것 자체가 청약시장에 큰 영향을 주진 않겠지만, 가점 커트라인을 3점 내외 정도 내리는 효과는 있을 것이다.

민영아파트의 신혼부부 특별공급 비율 중 5%는 소득기준을 기존 도시근로자 월평균 소득의 100%에서 120%(맞벌이는 120%→130%)로 확대한다. 도시근로자 월평균 소득 기준은 아래 표를 참조하자.

2017년도 도시근로자 가구원수별 가구당 월평균 소득 기준

	3인 이하	4인	5인 이상
도시근로자 월평균소득	500만 2,590원 이하	584만 6,903원 이하	584만 6,903원 이하
배우자 소득이 있는 경우 (도시근로자 가구당 월평균소득의 120%)	600만 3,108원 이하	701만 6,284원 이하	701만 6,284원 이하
배우자 소득이 있는 경우 (도시근로자 가구당 월평균소득의 130%)	650만 3,367원 이하	760만 0,973원 이하	760만 973원 이하

본인 또는 배우자의 월평균 소득은 건강보험공단 사이트에서 확인할 수 있다. '개인민원→직장보험료개인별조회' 화면에서 보이는 평균보수월액이 본인 또는 배우자의 월평균 소득이다.

또한 변경된 특별공급 개선 내용 중 꼭 기억해야 할 것이 있다. 투기과열지구 내 특별공급 당첨을 받았다면 전매 제한 기간은 5년으로 강화된다. 당첨일로부터 소유권 이전등기까지 기간이 3년 이내인 경우엔 등기 후 2년 보유해야 전매가 가능해진다.

또한 신혼희망타운을 2022년까지 누적 7만 호 공급한다는 계획도 있다. 서울 인근 그린벨트를 해제시켜 공급한다는 것인데 이 중에는 입지가 매우 뛰어난 지역도 포함되어 있다. 기존 택지를 중심으로 3만 호 공급 예정이고, 나머지도 추가 지역을 지정할 계획이다.

신혼희망타운 공급대상으로 지정될 지역

권역	물량	검토 대상지구
수도권	2만 1,000호	수서역세권, 서울양원, 괴천지식, 과천주암, 위례신도시, 의왕고천, 하남감일, 고덕국제화, 화성동탄2, 화성봉담2, 고양지축, 고양장항, 파주운정3, 의정부고산, 수원당수, 시흥장현, 의왕초평, 용인언남, 남양주진건, 김포고촌
지방	9,000호	부산명지, 왕주삼봉, 양산사송, 울산다운2, 아산탕정, 김해진례, 청주지북, 원주무실

청약 당첨, 이렇게 실현했다

성복역 롯데캐슬파크나인

용인에 거주 중인 다주택자 지인의 당첨사례다. 2018년 3월 비조정지역에 분양했던 성복역 롯데캐슬파크나인은 몇 가지 특징이 있다.

1 용인시 당해 거주자 100% 선정(수도권 내 다른 도시 청약자는 참여할 수 없다)

2 비조정지역이기 때문에 청약 1순위 규제 없음

- 세대원도 청약 가능
- 당첨이력 관계없이 청약 가능
- 2주택 이상 보유자 청약가능

3 전매제한 6개월

4 전용면적 85㎡ 이하 가점 40%, 추첨 60%

5 전용면적 85㎡ 초과 추첨 100%

이러한 이유로 용인에 거주하는(특히 수지구) 유주택자 청약자들의 관심을 끌기 충분했다. 특히 전용면적 85㎡ 이하엔 100% 가점제로 뽑는 투기 지역·투기과열지구와 달리, 모든 면적에서 추첨으로 당첨될 가능성이 활짝 열려 있다는 매우 큰 장점이 있었다. 또한 성복역 초역세권 아파트인데, 강남역까지 지하철로 27분만에 도달한다. 그러나 한 가지, 분양가가 조금 높은 느낌이었다.

용인 성복역 롯데캐슬파크나인의 분양가 계산

성복역 롯데캐슬파크나인					
	층수	분양가	발코니	평당가	총 분양가
84A	1층	5억 7,500만 원	2,954만 원	1,797만 원	6억 454만 원
	2층	5억 8,100만 원	2,954만 원	1,815만 원	6억 1,054만 원
	3층	5억 8,700만 원	2,954만 원	1,833만 원	6억 1,654만 원
	4층	6억 500만 원	2,954만 원	1,886만 원	6억 3,454만 원
	5층 이상	6억 1,100만 원	2,954만 원	1,904만 원	6억 4,054만 원
84B	1층	5억 6,700만 원	2,659만 원	1,754만 원	5억 9,359만 원
	2층	5억 7,300만 원	2,659만 원	1,772만 원	5억 9,959만 원
	3층	5억 7,900만 원	2,659만 원	1,790만 원	6억 559만 원
	4층	5억 9,700만 원	2,659만 원	1,843만 원	6억 2,359만 원
	5층 이상	6억 300만 원	2,659만 원	1,861만 원	6억 2,959만 원
101A	1층	6억 6,000만 원	3,087만 원	1,704만 원	6억 9,087만 원
	2층	6억 6,700만 원	3,087만 원	1,722만 원	6억 9,707만 원
	3층	6억 7,400만 원	3,087만 원	1,739만 원	7억 487만 원
	4층	6억 9,500만 원	3,087만 원	1,791만 원	7억 2,587만 원
	5층 이상	7억 200만 원	3,087만 원	1,808만 원	7억 3,287만 원
101B	2층	6억 5,300만 원	3,076만 원	1,686만 원	6억 8,376만 원
	3층	6억 6,000만 원	3,076만 원	1,703만 원	6억 9,076만 원
	4층	6억 8,100만 원	3,076만 원	1,755만 원	7억 1,176만 원
	5층 이상	6억 8,800만 원	3,076만 원	1,772만 원	7억 1,876만 원
116A	1층	7억 3,800만 원	3,690만 원	1,690만 원	7억 7,490만 원
	2층	7억 4,600만 원	3,690만 원	1,708만 원	7억 8,290만 원
	3층	7억 5,400만 원	3,690만 원	1,725만 원	7억 9,090만 원
	4층	7억 7,700만 원	3,690만 원	1,775만 원	8억 1,390만 원
	5층 이상	7억 8,500만 원	3,690만 원	1,793만 원	8억 2,190만 원

전용면적 84㎡ 최고 실거래가 시세 조사

신분당선 광교신도시 광교중앙역 자연앤힐스테이트
전용면적 84㎡ 8억 8,500만 원(국토교통부 실거래 최고가)

신분당선 광교신도시 상현역 상록자이
전용면적 84㎡ 8억 3,000만 원(국토교통부 실거래 최고가)

신분당선 성복역 롯데캐슬골드타운
전용면적 84㎡ 분양권 호가 7억 5,000만 원 이상

2018년 3월 기준

전용면적 84㎡ 최고 분양가가 6억 4,000만 원이다. 이 가격이 정말 비싼가 검증을 위해선 비교할 만한 주변 단지의 시세조사가 필요했다(위 표 참조).

2015년 말 분양했던 성복역 롯데캐슬골드타운이 롯데백화점을 품고 있으면서 성복역과 바로 인접했다면, 파크나인은 성복역에서 조금 더 멀긴 하지만 그래도 도보 10분 이내 위치했다. 또한 용인시 수지구에 임야훼손이 수반되는 경우 2035년까지 아파트 건립이 힘들다는 점에서 희소성이 있었다. 청약 결정은 당연한 것이었다.

청약결과표를 보자. 용인시에서 1만 건이 넘는 청약접수는 드문 일이다. 그만큼 용인 청약자에게 인기를 끌었다는 것이다. 전용면적 101㎡, 116㎡에 가점 표기가 안 되어 있는 건 100% 추첨제로 당첨자를 선정하기 때문이다. 다주택자인 지인은 가점 자체가 낮아 전용면적 85㎡ 초과 면적을 겨

성복역 롯데캐슬파크나인의 청약결과

성복역 롯데캐슬파크나인					
주택형	공급세대	접수건수	경쟁률	가점 최저	가점 최고
84A	105	8,663	82.50	**65**	74
84B	132	2,072	15.70	**60**	73
101A	83	1,897	22.86	-	-
101B	16	61	3.81	-	-
116	71	262	3.69	-	-

2018년 2월 기준

냥했고, 그에 해당하는 3개 평면 중에서 가장 경쟁률이 낮을 만한 타입을 골라야 했다. 101A와 116은 정남향에 조망과 일조권이 확보된 동에 주로 배치됐다. 101B는 거실·안방이 남향을, 나머지 침실은 서향을, 그리고 단지 내부를 보는 동에 배치됐다.

나는 당첨을 위한 모든 변수를 고려해 101B를 권유했고, 결국 최종 당첨되어 인생 첫 분양 아파트를 갖는 기쁨을 누렸다. 당시 용인에 거주하는 다른 수강생들에게도 전용면적 85㎡를 초과하고 101A를 제외한 평면 중 선택을 독려해, 116에서 당첨자 한 명과 예비당첨자 한 명을 배출했다.

PART

03

이미 오른 지역
오르고 있는 지역
앞으로 오를 지역

투자용과 거주용을 구분하면 새 길이 보인다

미래를 위한 징검다리도 괜찮다

'청약=내 집 마련' 맞다. 여기서부터 시작이다. 내가 직접 살 집에 청약을 하는 것이 기본이다. 그런데 살고 싶은 집이 예산보다 훨씬 비싸다면? 당첨 받은 집에 내가 살지 못한다면? 그럼 쉽게 청약을 포기하기도 한다.

포기하기 앞서 먼저 대전제를 바꾸자. 예비청약자들은 청약하기 앞서 투자와 거주를 분리해야 한다. 그래야 선택지가 많아지고 시야도 넓어진다. 땅 짚고 평생 사는 한, 주택(부동산)에 강제로 관심을 두어야 하는데, 이렇게 중요하면서도 길게 가야 할 첫 투자(청약)를 단번에 로또처럼 끝내긴 불가능에 가깝다. 물론 가정을 이룬 40대 가장이 무주택을 계속 유지하면서 가점 60점대의 청약통장을 보유하고 수억 원의 현금자산을 보유하고 있다면 로또청약이 가능하다. 그러나 그렇지 않은 대다수의 청약자들은 생각의 전환이 필요하다.

30대 초반의 두 남녀가 결혼했다. 양쪽 집안에서 지원받은 건 없다. 오로지 두 부부의 힘으로 결혼자금과 저렴한 월세 신혼집을 마련했다. 외식도 줄이고 열심히 저축하여 2년 동안 5,000만 원의 현금을 모았다. 월세 재계약 시기가 다가오자 이들 부부는 2년 후 서울의 새 아파트에 살고 싶다는 생각이 간절해졌다. 계획을 세우니 그 시기에 입주할 분양 아파트 두 곳이 눈에 들어왔다. 하나는 서울 중심지와 거리는 좀 있지만 서울 내 5억 원짜리 아파트, 또 하나는 서울과 바로 인접한 조정대상지역 내 5억 원짜리 아파트다. 두 아파트의 분양가는 같다. 남편이 갖고 있는 청약통장의 가점을 계산해보니 29점이다.

이러한 상황일 경우 이들 부부는 어떤 아파트에 청약해야 현명한 선택일까? 서울 시내 아파트엔 이들 부부가 직접 거주할 수 있다. 직장이 가깝기 때문이다. 그러나 투기과열지구 내 아파트라 중도금 대출이 40% 밖에 나오질 않는다. 계약금 10%와 중도금 대출이 되지 않는 20%만큼의 현금을 준비해야 한다. 그렇다면 분양권 상태에서 필요한 현금 총액은 1억 5,000만 원이다. 현재 5,000만 원의 저축액에 더해 1억 원의 추가 현금이 필요하다. 게다가 누구나 살고 싶어 하는 서울 시내 아파트라 당첨 커트라인은 30점대를 훌쩍 넘을 게 당연하다.

서울 외 조정대상지역 아파트에 당첨되면 직장이 멀어 직접 거주할 수 없다. 임대를 해야 한다. 서울 내 아파트처럼 전매는 되지 않지만 중도금은 60% 전액 대출 가능하다. 분양권 상태에서 필요한 현금은 계약금 10%에 해당하는 5,000만 원이다. 투입현금은 적게 들어가지만 누구나 살고 싶어하는 서울 아파트를 뒤로 한 채 이 아파트에 청약하기가 조금은 꺼려진다.

2년 후에 결과를 보니 두 아파트 모두 프리미엄 1억 원이 붙었다. 두 아파트의 분양가는 같지만 분양권 상태에서 필요한 현금은 3배 차이가 난다. 수익률은 각각 66%, 200%가 된다. 1억 5,000만 원을 투입해서 1억 원이 오른 것과, 5,000만 원을 투자해서 1억 원이 오른 차이다.

청약 당시로 시간을 되돌려 당첨 커트라인을 확인해 본다. 서울 아파트의 당첨 커트라인은 37점, 조정지역 내 아파트 당첨 커트라인은 28점이다. 서울 아파트에 청약했다면 떨어지고 조정지역 아파트에 청약했다면 당당히 당첨이다.

현금은 어떻게든 마련한다고 해도 가점에 밀려 낙첨되었을 서울 아파트보다는, 현 수준에서 예산이 맞으면서도 무조건 당첨되었을 조정대상지역 아파트를 선택한 것이 현명하다. 1억 원의 가치 상승분으로 2년 간의 기회비용을 십분 활용했다. 서울 아파트에 청약하고 낙첨됐다면 1억 원의 기회비용은 없다. 조정대상지역 아파트 당첨 후 입주 전세를 4억 원에 들였다 해도 아파트가 건축될 2년 동안 5,000만 원을 모아 남은 잔금에 보태면 되었기 때문에 저축할 시간도 벌게 되었다.

이 얘기는 가상 내용이 아니다. 실제 그렇게 되고 있다. 직접 살 곳과, 시간을 벌어 '부의 징검다리용'으로 활용할 청약지를 구분해 청약 계획을 세운다면 분명 좋은 기회가 된다. 이렇게 내가 선호하는 거주지에만 국한되지 않고 폭 넓은 청약 시야를 갖게 되면 청약 당첨, 내 집 마련의 꿈을 계획보다 훨씬 빨리 이룰 수 있다.

분양가의 변수

내 집 마련을 노리는 청약자 입장에서 '어느 곳에 분양하느냐'는 당연히 가장 중요한 부분이다. 하지만 그에 앞서 더 중요한 것은 분양가다. 모든 조건이 완벽한데, 분양가가 감당 가능한 수준을 넘어 버린다면 그곳은 더 이상 나와 맞는 아파트가 아닌 것이다.

2013년부터 부동산 상승기와 맞물려 신길뉴타운에서 분양하는 아파트도 주변 시세에 맞춰 분양가를 높여왔다. 내 예산의 한계가 분양가 7억 원까지라면 다음 분양하는 아파트엔 과연 청약을 할 수 있을 것인가? 고민의 날들을 보내는 중에 신길뉴타운은 아니지만 길 하나를 두고 남측 신안산선 개통역 바로 앞에 보라매 2차 이편한세상을 전용면적 84㎡ 6억 9,000만 원에 분양한다. 신길 뉴타운이 아니라는 사실과 주변 열악한 환경 탓에 썩 마음에 내키진 않는다. 청약을 넣어야 하는 걸까.

최근 몇 군데의 청약 사례만 찾아봐도 시세 상승분을 소화해버린 분양가 고점을 발견할 수 있다. 그렇다면 청약 포지션을 어떻게 잡을 건가.

신길뉴타운 분양가

1 1년 전 분양가와 비슷하게 분양한다면 청약한다.

2 최근 인근 분양가·입주 신축가격과 비슷하게 분양한다면 고민한다.

3 추가 호재 없이 인근 시세보다 비싸게 분양한다면 청약을 포기한다.

분양가에 따른 기준의 정립이 필요하다.

분양권 시세형성과정

분양권 시세는 일반적으로 크게 두 번 출렁인다. 전매제한이 풀렸을 때 그리고 입주 때다. 두 시기의 공통점은 시장에 내놓은 물량이 많다는 것이다. 전매제한이 풀리면 일시적으로 공급이 확 늘어난다. 이때 방향은 두 갈래로 나뉜다. 전매가 풀리기만을 기다렸던 매수 대기자가 시장에 내놓은 물건보다 많으면 당연히 오를 것이고, 잠잠하면 매도호가는 추락한다.

입주 때도 마찬가지다. 전세가가 매매가의 시세를 완전 주무른다. 전세보증금으로 중도금 대출 60%와 잔금 30%를 모두 커버할 수 있다면 그 때부터는 매도자가 부르는 게 값이다. 수분양자 입장에서는 지금 팔아도 이득이고 돈 한 푼 안들인 상태에서 전세를 맞춰 2년 후에 팔아도 손해볼 게 없기 때문이다. 만약 전세가가 매매가를 훨씬 밑돈다면 매수자가 부르는 게 값이 된다. 전세보증금을 받아도 중도

전국, 서울, 인천, 수도권의 자가주택점유율 비중

(%)

	자가	전세	월세	기타	계
전국	56.8	**15.5**	**23**	4.7	100
서울	42	**26.3**	**28.5**	3.2	100
인천	58.4	**16.1**	**21.6**	3.9	100
경기	52.7	**19.9**	**23.2**	4.2	100

출처: 통계청(2016년)

금 대출 60%를 상환하기 빠듯하다면, 그리고 잔금까지 준비하는 데에도 빚을 내야 하는 상황이라면 큰 손해를 입더라도 파는 게 낫겠다는 결정을 하게 된다.

통계를 통해 기본적인 구조를 보고 좀 더 이해해 보자.

2016년도 통계청 주택점유형태 자료에 따르면, 전국의 자가주택점유율은 56.8%, 서울 42%, 인천 58.4%, 경기 52.7%다. 전·월세 임대비율을 합산하면 전국 38.5%, 서울 54.8%, 인천 37.7%, 경기 43.1%다.

쉽게 말해 경기도 내 1,000세대인 A아파트에서 집주인이 527세대, 세입자는 431세대 거주하고 있다는 뜻이다. 이걸 입주하는 아파트 1,000세대에 대입하면 절반은 수분양자·매수자가 거주하고 나머지 절반은 세입자를 구한다는 얘기다.

입주지정기간은 통상 60일 정도 준다. 2달 간 1,000세대가 동시 입주한다. 전월세 물량이 절반이라면 전세금으로 잔금을 치를 수 있는 경우 매매가는 높아지고 전세금은 표류한다. 전세금으로 잔금 치르기가 턱 없이 부족할 경우 매매가와 전세가는 동시에 하락한다.

A아파트가 2020년 1월 분양을 완료해 시간이 지나 완공 후 2022년 6월부터 입주한다고 가정해보자. 인근 신축 B아파트 매매 시세는 5억 원, 전세 시세는 4억 원의 가상 상황에서 A아파트의 분양가는 시세를 반영한 5억 원이다. A아파트는 분양이 완료된 후 전매가 가능한 시점부터 3,000만 원의 프리미엄이 형성된다. 시간이 지날수록 A아파트의 분양권 프리미엄은 조금씩 더 붙기 시작하여 입주 직전까지 1억 원이 상승한다.

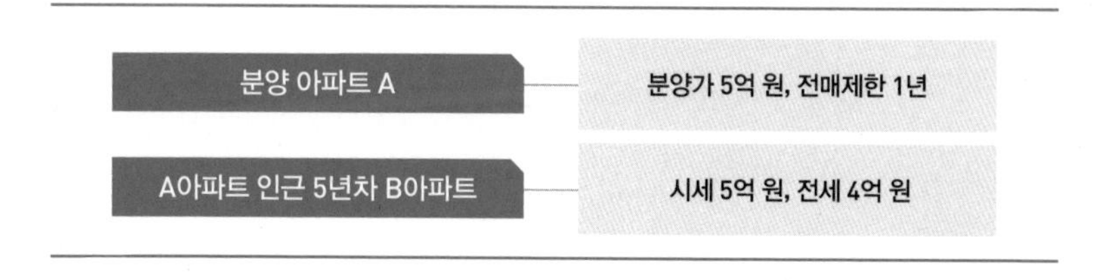

프리미엄이 1억 원으로 오르기까지 상황을 가상으로 설정해보자. 2020년 1월에 분양했던 A아파트는 전매제한이 1년으로 2021년 1월부터 매매가 가능하다. 전매제한이 풀리자마자 두 달새 총 세대수의 20%에서 손바뀜이 일어났다. A아파트의 입주시기를 소유자의 상황에 따라 시뮬레이션해보자.

A아파트 수분양자 김 씨: 입주 계획

5억 원에 A아파트를 분양 받은 김 씨는 분양계약금 10%인 5,000만 원을 납입하고 중도금 대출을 전액 실행하고 있는 중이다. 김 씨가 입주할 때는 중도금을 전액 잔금대출로 전환한다고 가정하면 자금상 큰 문제가 없을 것이다. 내 집 마련을 위한 청약은 최소한 잔금을 치를 수 있는 현금흐름 상황을 만들어놓고 시작하기 때문이다.

A아파트 수분양자 이 씨: 전세 계획

5억 원에 A아파트를 분양 받은 이 씨는 김 씨와 마찬가지로 분양계약금 5,000만 원을 납입하고 중도금 대출을 전액 실행하고 있는 상황이다. 사정상 입주는 못해서 전세입자를 구한다. 전세 시세가 B아파트와 동일한 4억 원이라면 김 씨가 추가로 필요한 자금은 5,000만 원이다. 총 분양가 5억 원에서 계약금 5,000만 원과 전세보증금 4억 원이 있으니 차액인 5,000만 원을 준비하면 된다. 생각보다 큰 부담이 없다. 여기서 투입한 자금은 총 1억 원이다.

A아파트 수분양자 박 씨: 매도 계획

5억 원에 A아파트를 분양 받은 박 씨는 역시 계약금 5,000만 원을 납입, 중도금 전액을 대출했다. 애초부터 입주할 생각 없이 분양권 양도소득세 일반세율 시기(계약 후 2년 초과)에 매도하려고 했다. 1억 원에 대한 양도소득세는 약 2,000만 원이다(1억×35%-1,490만 원) 따라서 순이익은 약 8,000만 원, 수익률은 160%다. 연수익률로는 80%다.

잔금을 치러야 비로소 주택으로 인정받는 분양권은 잔금 전후로 보유·매매 계획이 완전히 달라진다. 시세가 오를 때 매도시기는 앞서 설명한 것처럼 1 전매가능시기, 2 입주시기, 3 입주 후로 나뉜다.

청약할 때 가장 안심되는 상황은 무엇일까? 청약 대상 아파트와 비교할 만한 아파트가 주변에 있고 그 아파트가 신축이며 청약 대상 아파트보다 시세가 훨씬 비싼 상황이다. 그러나 문제가 있다. 누구나 바라는 조건을 다 갖춘 아파트라면 청약 가점이 높고 자금적으로 더 여유로운 사람에게만 기회가 간다. 2017년 9월에 분양했던 신반포 센트럴자이, 2017년 12월에 분양했던 동탄역 롯데캐슬트리니티, 2018년 3월에 분양했던 개포 디에이치자이가 좋은 예다.

실거주도 만족하면서 시세상승을 동시에 누릴 수 있다. 그만큼 당첨은 어려워진다. 최선호에 대한 욕심을 조금만 내려놓는다면 기회는 생각보다 많다. 조금은 애매모호한 곳에 있긴 하지만. 몇 가지 과거 사례를 살펴보자.

부동산 상승세는 아니지만 시세대비 저렴한 분양가 아파트: 김포한강신도시 이랜드타운힐스

할인 분양의 충격을 아직 벗어나지 못한 상황에서 분양한 아파트다. 이웃한 아파트는 당시 3.3㎡ 당 1,200만 원 가량 시세 형성이 되어 있었고 이랜드타운힐스 분양가는 3.3㎡ 1,000만 원 초반이었다. 전용면적 84㎡ 기준으로 5,000만 원 가량 저렴한 분양가다. 기존 아파트 가격이 유지된다면 적어도 그 만큼 갭Gap메우기가 된다.

주변시세와 비슷한 분양가 아파트: 백련산 SK아이파크

서울 은평구 응암동 재개발 아파트다. 주변에는 2011년부터 꾸준히 입주를 시작한 재개발 아파트로 둘러싸여 있다. 백련산 SK아이파크는 이들 아파트보다 지대가 평평한 편이며 6호선 응암역, 새절역이 보다 가깝다. 게다가 신축이라면 기존 아파트와 가격이 같을 이유가 없다. 무조건 더 비싸진다.

주변시세보다 비싸지만 입지 좋은 아파트: 성복역 롯데캐슬

성복역 롯데캐슬은 롯데백화점과 연계, 강남까지 직통인 신분당선 성복역 위에 지어졌다. 광교신도시는 아니지만 광교신도시 내 대부분의 아파트들에 비해 '진정한 역세권'이라고 할 수 있는 위치다. 분양 당시 고분양가 논란이 있던 것을 뛰어난 입지가 모두 덮어버렸다. 신도시에 속하느냐 속하지 않느냐 이슈를 잠재운 대표적인 아파트다.

지금 언급한 조건들은 PART. 4의 분양권 투자지역 선정 기준에서 조금 더 자세히 다뤄보도록 하겠다.

지역 첫 분양을 공략하라

청약에서 처음은 설렘보다 두려움이 크다. 앞서 간 사람 뒤를 쫓아가는 것에 누구나 안정감을 느낀다. 고양시 향동지구에서 처음 분양한 계룡리슈빌을 보자. 다음은 2016년 7월 당시 향동지구와 연관성 있는 단지들의 전용면적 84㎡ 시세다.

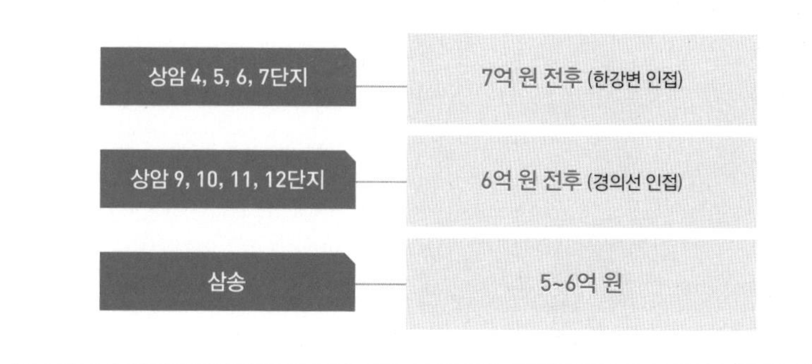

분양가만 확인해도 청약 결정의 고민은 오래가지 않았다. 이유는 다음과 같다.

1 신규 택지지구의 첫 분양

2 저렴한 분양가

3 인접한 서울의 대체 단지

1기, 2기 신도시에서 첫 분양단지들의 가격 상승폭은 굉장히 컸다. 분당신도시 시범단지, 광교신도시 센트럴타운, 동탄2신도시 시범단지가 이에 해당한다.

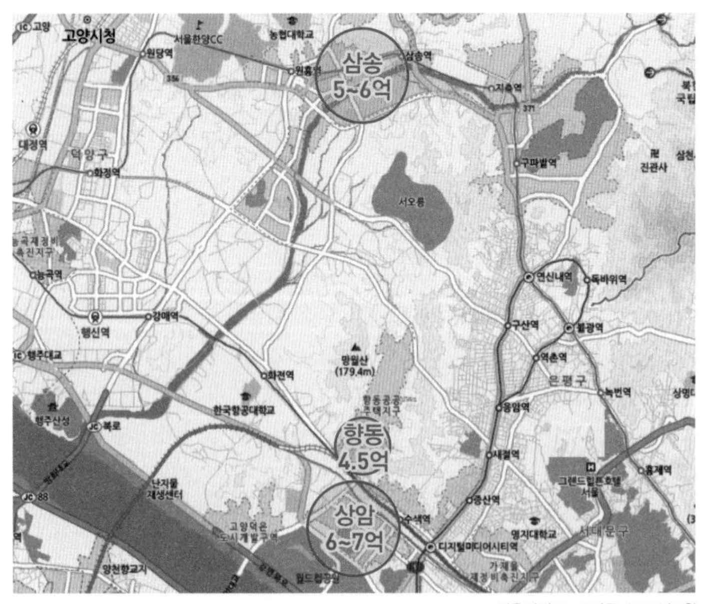

전용면적 84㎡ 기준, 2016년 7월

향동지구 첫 분양인 계룡리슈빌 분양가 대비 인근 시세

향동지구 계룡리슈빌의 분양가는 저렴했다. 향동지구는 고양시 내 보금자리지구로서, 그 의미가 무주택 서민과 저소득층의 주거문제를 해결하기 위해 주변 시세보다 저렴하게 아파트를 공급하는 데 있다. 또한 향동지구는 지리적으로 서울, 고양 경계에 있어 서울의 생활권을 공유하면서 서울 배후지 역할을 하기에 더할 나위 없이 좋다. 기존 고양시 보금자리택지인 삼송지구의 시세는 전용면적 84㎡호가 6억 원을 터치한 상황이었다. 수색증산뉴타운이 훨씬 비싼 분양가로 공급할 것은 불 보듯 뻔하고, 인근 또 다른 보금자리택지인 덕은지구의 첫 분양은 2019년에 예정돼 있어서 시기적으로도 매우 적절한 분양 타이밍이었다. 향동지구가 가진 장점은 송전탑, 경의선, 확장성의 단점을 상쇄하고도 충분히 남는다.

계룡리슈빌의 청약결과다. 청약결과는 많은 것을 말해준다. 몇 가지 포인트를 짚어보자.

먼저 청약접수건수다. 수도권 인기 청약 단지들은 수 만 명의 청약자가 몰린다. 소문난 잔치에 먹을 것 없다는 옛 말은 이 경우에 속한다. 당첨확률이 굉장히 낮기 때문이다. 향동지구 첫 분양 계룡리슈빌의 전체 청약 건수는 6,200여 건으로 내재가치에 비해 초라한 대우를 받았다. 84B2 타입을 보면 당해(고양시)경쟁률은 2:1, 당첨 커트라인은 10점이다. 10점이라는 점수는 막 성인이 된 20살의 가점 정도다.

경쟁률도 한번 살펴보자. 계룡리슈빌보다 한 달 앞서 동탄2신도시 부영 70~72블록의 최고경쟁률은 700:1이 넘었다. 하지만 분양 후

특정지역 첫 분양 단지의 이점을 잘 보여주는 향동지구 계룡리슈빌의 청약결과

					청약가점		
			접수건수	경쟁률	최저	최고	평균
74	272세대	당해	624	7.61	47	74	55
		기타경기	641	21.91	55	69	59
		서울인천	1,136	16.65	55	71	60
80	11세대	당해	20	6.67	29	52	37
		기타경기	24	20.50	55	55	55
		서울인천	40	13.17	51	55	54
84A	268세대	당해	616	7.70	42	68	50
		기타경기	862	25.89	55	73	58
		서울인천	1,390	20.40	55	71	59
84B1	111세대	당해	106	3.21	27	63	40
		기타경기	135	9.45	50	61	54
		서울인천	265	8.05	46	69	53
84B2	108세대	당해	65	2.03	10	55	30
		기타경기	100	6.05	45	65	51
		서울인천	214	6.02	43	66	49

2년여가 지난 현재, 계룡리슈빌의 84A 타입(최고경쟁률 26:1)과 시세를 비교해보면(계룡리슈빌의 상승폭이 훨씬 크다) 경쟁률이 무색할 지경이다.

당해지역에 대해 살펴보자. 향동지구의 경우 아파트 분양지역이 고양시니 당해는 고양시다. 당해가 주는 메리트는 굉장하다. 가장 인기 있었던 84A 타입의 지역별 경쟁률을 보자.

당해: 7.7 : 1

기타경기: 25.89 : 1

서울인천경기: 20.4 : 1

내가 만약 고양시민이라면 기타경기에 거주하는 사람들보다 당첨 확률이 무려 3배나 높다는 거다. 이런 패턴은 항동지구에서만 보이는 특징이 아니다.

계룡리슈빌 청약 이후 바로 이어 분양했던 호반베르디움 B2, B3, B4 블록은 두 배 이상의 쏠림현상을 보였다. 이를 예상했기에 호반베르디움 3개 블록의 청약 전략은 더욱 세심해질 수밖에 없었다.

기대수익률을 분석하라

청약 전에 기대수익률 분석이 되어 있으면 선택에 힘이 실린다. 향동지구의 사례를 계속 이어가면서 감을 살려보자. 계룡리슈빌은 74 타입(348세대), 74T 타입(11세대), 80 타입(11세대), 84A 타입(365세대), 84B1 타입(118세대), 84B2 타입(116세대)의 총 6개 면적·타입으로 나눠 분양했다.

모두 4베이 판상형이고 타입에 따른 청약 선호보다는 면적에 따른 청약이 더 중시되는 아파트 단지였다. 소수 세대를 뽑는 74T 타입과 80 타입은 선택에서 제외한다. 세대수가 적으면 폭발적인 경쟁률을 보일 수 있기 때문이다. 면적이 작을수록 분양가가 싸니 그만큼 적은 현금이 투입되고 매매할 때도 보다 가볍기에 선호한다. 두 개 타입을 골라 기타경기 청약경쟁률을 비교해 보자.

74 타입: 21.91:1(기타경기)

84B1 타입: 9.45:1(기타경기)

그리고 전매기간이 풀린 1년 후 면적 선호에 따라 프리미엄이 차등 형성되어 각각 5,000만 원, 3,000만 원 올랐다고 가정한다. 이 때 기대수익률은 각각 이렇게 계산된다.

74 타입: 5,000만 원÷21.91=228만 원

84B1 타입: 3,000만 원÷9.45:1=317만 원

LH에서 제공하는 향동지구 토지계획이용도

84B1 타입의 압승이다. 경쟁률 대비 프리미엄을 분석해보면 기대수익률을 간편하게 계산할 수 있다. 이 사실을 미리 알았다면 예비청약자의 선택은 어떻게 변했을까(그래도 모두가 좋아하는 선택에 편승하는 이들은 항상 많다).

계룡리슈빌에 이어 분양했던 나머지 호반베르디움 3개 단지를 직접 찾아 청약 전의 상황을 설정해서 모의 청약을 해보자. 그리고 내가 선택한 타입과 가장 높은 경쟁률을 기록한 타입을 실제로 찾아보고 기대수익률 계산을 직접 해보는 연습을 거친다.

수도권 외
청약지도 살펴보자

인서울은 아니지만 그 이상의 수익을 기대할 수 있는 세종특별자치시에 대해 알아보자. 세종시 청약은 2016년 8월까지는 세종시 거주 또는 이전기관종사자에게만 기회를 주었었다. 그러다가 2016년 9월부터 전국으로 확대되었다. 전국 청약장으로 바뀐 세종시 내 한 아파트의 모집공고문 중 일부를 보자.

"행정중심복합도시건설청 공고 제2016-62호에 따라 공급세대수의 50%는 입주자모집공고일 현재 1년 이상 해당 주택건설지역(세종특별자치시)에 계속 거주한 자가 우선합니다."

공급세대수의 50%를 세종시에 1년 이상 계속 거주한 자에게 우선 배정해준다면, 나머지 50%는? 그렇다. 그 외 거주하는 청약자들에게 배정된다는 뜻이다. 2018년 상반기 현재까지 이 기준은 유지되고 있다. 그 결과 세종 4-1생활권 M2블럭 리슈빌수자인의 전용면적

84.79㎡ 기타지역(전국)의 경쟁률은 1,669:1을 기록했다. 총 37세대를 분양했고 기타지역에서 청약한 수는 2만 2,861명에 달했다. 전국민에게 청약을 풀어준 것은 고마운 일이긴 한데, 경쟁률을 보면 '아니 어떻게 당첨되라는 말인가'란 생각이 들기도 한다.

이때 틈새 찾기가 필요하다. 최근엔 분양가상한제 때문에 분양가를 시세만큼 올려 분양하지 못한다. 이는 곧 '당첨만 되면 수 억 원의 프리미엄이 따라온다'는 말이다. 이런 상황이라면 당첨 자체에 총력을 기울여야 한다. 당첨될 지역, 평면·타입을 골라낼 수 있는 시각이 필요하다.

2016년 9월에 분양했던 1-1생활권 힐데스하임 청약 당시로 돌아가보자. 모집공고에 나와 있는 대로 각 주택별 일반공급세대 수에서 세종시 1년 이상 거주자에게 배정되는 50%와 세종시 1년 미만 거주·그 외 지역 사람들에게 배정되는 물량을 계산한다. 이 때 특별공급에 해당하는 물량은 전 세대 소진되었다고 가정한다.

107A 타입	일반공급 144세대 중 72세대 (세종시 1년 미만/그 외 72세대)
111A 타입	일반공급 42세대 중 21세대 (세종시 1년 미만/그 외 21세대)
111B 타입	일반공급 13세대 중 7세대 (세종시 1년 미만/그 외 6세대)
120A 타입	일반공급 2세대 중 1세대 (세종시 1년 미만/그 외 1세대)
122A 타입	일반공급 1세대 중 1세대 (세종시 1년 미만/그 외 0세대)
128A 타입	일반공급 5세대 중 3세대 (세종시 1년 미만/그 외 2세대)
128B 타입	일반공급 1세대 중 1세대 (세종시 1년 미만/그 외 0세대)

세종시 힐데스하임 모집공고에서 특별공급을 제외한 일반공급 배정세대 수

주택형	타입	계	특별공급			일반공급	최하층 우선배정
			이전기관 종사자 등	다자녀	노부모		
107.1454	107A	**388**	194	38	12	**144**	11
111.3454	111A	**114**	57	11	4	**42**	4
111.3034	111B	**33**	17	3	0	**13**	5
120.4271	120A	**5**	3	0	0	**2**	0
122.6546	122A	**1**	0	0	0	**1**	0
128.2159	128A	**13**	7	1	0	**5**	0
128.2068	128B	**1**	0	0	0	**1**	0

청약이 종료된 후 실제 경쟁률 결과를 보자.

세종 힐데스하임 청약결과

				접수건수	경쟁률
107.1454 (132.3468)	380세대	1순위	해당	231	1.22
			기타	456	**2.62**
		2순위	해당	0	-
			기타	0	-
111.3454 (137.2495)	113세대	1순위	해당	56	(▲1)
			기타	93	**1.63**
		2순위	해당	29	-
			기타	68	-
111.3034 (137.3177)	33세대	1순위	해당	7	(▲10)
			기타	8	**(▲18)**
		2순위	해당	45	5.00
			기타	166	22.44
120.4271 (149.1924)	5세대	1순위	해당	6	2.00
			기타	16	**9.50**
		2순위	해당	0	-
			기타	0	-

				접수건수	경쟁률
122.6546 (151.9367)	1세대	1순위	해당	8	8.00
			기타	4	-
		2순위	해당	0	-
			기타	0	-
128.2159 (157.6107)	8세대	1순위	해당	60	15.00
			기타	68	**31.00**
		2순위	해당	0	-
			기타	0	-
128.2068 (157.7003)	1세대	1순위	해당	2	2.00
			기타	6	-
		2순위	해당	0	-
			기타	0	-

실제에서는 107A(전용면적 107.1454㎡) 타입의 일반공급이 380세대, 그 중에서 50%인 190세대가 해당지역(세종시) 배정이므로 총 청약접수 231건 대비 1.22:1의 경쟁률을 보였다. 나머지 50%는 기타지역(세종시 1년 미만 거주/그 외 지역) 청약접수는 456건으로 2.62의 경쟁률을 보였다.

111A(전용면적 111.3454㎡) 타입은 일반공급세대 113개 중 세종시 배정이 57세대였으나 56세대가 지원하여 1세대가 당해 미달되었다. 따라서 남은 1세대는 기타지역 배정세대인 56세대에 추가되어 57세대 대비 93세대의 기타지역에서 청약을 함으로써 1.63대 1의 경쟁률을 기록했다.

122A(전용면적 128.2159㎡) 타입과 128A(전용면적 128.2068㎡) 타입을 보자. 일반공급세대가 각각 1세대씩이라 해당지역에서 1명 이상의 청

약자가 나오게 되면 기타지역 청약자가 당첨될 가능성은 아예 사라진다. 청약결과표에서 경쟁률 숫자가 아예 나와 있지 않은 것으로 확인할 수 있다.

이러한 낮은 경쟁률은 더 이상 찾아보기 힘들 것이다. 세종시 청약은 이제 전국민 모두가 지켜보는 상황으로 바뀌었다. 하지만 두 달이 채 지나지 않아 11.3대책이 발표되고 세종시는 조정대상지역에 묶였다. 대표적인 청약 1순위 규제조건인 '세대주가 아닌 자', '5년 이내 다른 주택에 당첨된 자의 세대에 속한 자', '2주택 이상 소유세대에 속한 자'는 세종시에 더 이상 1순위 청약이 불가능해졌다.

청약규제지역, 면적 별로 다르게 적용하는 가점제 비율

85㎡ 이하		
	현행	개선
수도권 공공택지	100%	100%
투기 과열지구	75%	100%
청약조정대상지역	40%	75%
기타 지역	40% 이하에서 지자체장이 결정	

85㎡ 초과		
	현행	개선
수도권 공공택지	50% 이하에서 지자체장이 결정	
투기 과열지구	50%	50%
청약조정대상지역	0%	30%
기타 지역	0%	0%

그렇지만 여전히 1순위 청약 제한에 해당하지 않는 실거주자에게는 오히려 기회가 열린 셈이다. 11.3대책에서 조정대상지역으로 묶였던 세종시는 8.2대책에서는 투기과열지구로 더욱 강한 규제를 받게 되었다.

따라서 세종시에 청약하려는 실거주자를 위한 청약전략은 다음과 같다.

1 가점이 높은 경우 가점제 100%로 당첨자를 선발하는 전용면적 85㎡ 이하의 평면으로 소신지원한다.

2 가점이 낮은 경우 추첨제 50%로 당첨자를 선발하는 전용면적 85㎡ 초과 평면으로 당첨 운을 기대한다.

분양가상한제를 적용 받는 세종시 내 아파트는 85㎡ 초과 면적이라도 분양가가 크게 비싸지 않다는 데 포인트가 있다.

11.3대책과 8.2대책 이후의 세종시 분양 사례를 보자(148페이지 표 참고). 2017년 12월 2-4생활권에서 리더스포레를 분양했다. HC3블록, HO3블록을 동시 분양했고 당첨자 발표일이 달라서 두 단지 중 한 곳만 청약해야 했다. 당첨을 위한 선택은 어떤 것일까? 세종에서 '좋은 아파트'로 인정 받기 위해선 몇 가지 조건이 있다. 업무지구와 가까울 것, BRT정류장 인근일 것, 자연친화단지일 것. 이러한 조건을 따져 우위에 있는 블록은 HO3다. 그럼 청약은 상대적으로 열세인 HC3로 정한다. 이것이 1차 필터링이다(당첨이 우선이기 때문이다).

다음은 면적 선택이다. 세종은 투기지역이다. 모집공고를 보면 다음과 같은 안내가 있다.

"주택형 85㎡ 이하 주택은 일반공급 세대수의 100%를 가점제로 선정"

"주택형 85㎡ 초과 주택은 일반공급 세대수의 50%를 가점제로, 나머지 50%를 추첨제로 선정"

60점 이상의 가점이라면 개의치 않겠으나 점수가 낮고 당첨 자체를 원한다면 전용면적 85㎡ 이하 평면선택은 제외해야 한다. 가능성의 높고 낮음이 아니라, 가능과 불가능의 문제다. 청약 선택 시 85㎡ 초과 평면을 선택한다. 이것이 2차 필터링이다.

마지막 3차 필터링은 처음 부분에 힌트가 있다. 다시 보겠다.

"당 아파트는 분양가상한제 민영주택으로 (중략) 50%는 현재 1년 이상 해당 주택건설지역(세종특별자치시)에 계속 거주한 자 (후략)"

일반공급 세대가 10세대라면 5세대를 전국민에게 당첨 기회로 준다는 것이다. 만일 일반공급세대가 1세대뿐이라면? 세대를 쪼개거나 당첨자를 중복 선정하여 공동명의로 하는 것은 말도 안 되는 얘기니, 1세대는 세종시 거주자에게 배정된다. 일반공급 3세대를 뽑는다면 세종시 거주자에게 2세대, 그 외 거주자에게 1세대가 배정된다. 그렇다면 쉬운 결정이 남았다. 일반공급세대를 최대한 많이 뽑는 평면·타입을 골라내면 된다. 이게 3차 필터링이다.

세종 리더스포레에서 기타지역 청약자가 도전해봄직한 면적·타입 골라내기

	세대별 계약면적(㎡)					
	세대 별 공급면적			그밖의 공용면적		합계
	주거전용	주거공용	소계	기타공용	지하 주차장	
84A	84.7595	27.1381	111.8976	5.6840	51.6286	169.2103
84A-1, 2	84.7595	27.1381	111.8976	5.6840	51.6286	169.2103
84B-1, 2	84.9298	26.7427	111.6725	5.6954	51.7324	169.1003
84C	84.9330	26.5063	111.4393	5.6956	51.7343	168.8693
84D	84.9649	27.7288	112.6937	5.6978	51.7538	170.1452
84E	84.5505	28.1408	112.6913	5.6700	51.5013	169.8626
84F	84.9630	27.7232	112.6862	5.6976	51.7526	170.1365
84G	84.9634	28.4699	113.4333	5.6977	51.7528	170.8838
84H-1, 2	84.7728	27.3013	112.0741	5.6849	51.6367	169.3957
99A-1, 2	99.6172	31.2740	130.8912	6.6804	60.6788	198.2503
99B	99.3109	30.7517	130.0626	6.6598	50.4922	197.2145
99C	99.8286	32.1115	131.9401	6.6945	60.8075	199.4421
99D	99.9069	32.1846	132.0915	6.6998	50.8552	199.6465
112A-1, 2	112.5934	35.6266	148.2200	7.5505	68.5828	224.3534
145P	145.9291	52.3385	198.2676	9.7860	88.8882	296.9419

1, 2, 3차 필터링을 통해 걸러낸 결과를 보자.

전용면적 85㎡ 초과 타입에서 일반공급세대가 다른 타입에 비해 상대적으로 많은 것을 골라내니 선택지는 반 이하로 줄었다. 결과가 궁금하지 않은가?

세대별대지지분(㎡)	공급세대수										
	총 공급 세대수	특별공급									일반 공급
		이전기관 종사자	일반 (기관추천)	다자녀가구		신혼부부		노부모부양		계	
				당해	기타	당해	기타	당해	기타		
42.1584	49	25	5	3	2	3	2	1	-	42	8
42.1584											
42.2431	25	13	3	2	1	2	1	1	-	23	2
42.2447	8	4	1	1	-	1	-	-	-	7	1
42.2605	31	16	3	2	1	2	1	1	-	26	5
42.0544	2	1	-	-	-	-	-	-	-	1	1
42.2596	38	19	4	2	2	2	2	1	-	32	6
42.2598	6	3	1	-	-	1	-	-	-	5	1
42.1650	11	6	1	1	-	1	-	1	-	10	1
49.5484	19	10	-	1	1	-	-	1	-	13	6
49.3961	11	6	-	1	-	-	-	-	-	7	4
49.6536	71	36	-	4	3	-	-	1	1	45	**26**
49.6925	36	18	-	2	2	-	-	1	-	23	**13**
56.0026	35	18	-	2	2	-	-	1	-	23	**12**
72.5834	1	-	-	-	-	-	-	-	-	-	1

84E 타입의 경우 1세대만을 공급하니 기타지역 경쟁률이 발생하지 않은 것을 확인, 당시 79명의 청약자는 기회조차 박탈되었다. 2, 3차 필터링을 통해 걸러낸 선택 대안 중 112A 타입의 기타경기 청약경쟁률은 47.33:1을 기록했다. 15개가 넘는 면적·타입 중에 최저 경쟁률을 보여주었고, 가장 높은 당첨 가능성을 보여주었다.

세종 리더스포레 청약결과

				접수건수	경쟁률
084.7598A	12세대	1순위	해당	146	24.33
			기타	620	126.67
084.9298B	4세대	1순위	해당	21	10.50
			기타	144	81.50
084.9330C	2세대	1순위	해당	23	23.00
			기타	92	114.00
084.9649D	5세대	1순위	해당	51	17.00
			기타	203	125.50
084.5505E	1세대	1순위	해당	13	13.00
			기타	79	-
084.9630F	8세대	1순위	해당	37	9.25
			기타	171	51.00
084.9634G	2세대	1순위	해당	4	4.00
			기타	49	52.00
084.7728H	1세대	1순위	해당	24	24.00
			기타	81	-
099.6172A	6세대	1순위	해당	106	35.33
			기타	330	144.33
099.3109B	4세대	1순위	해당	35	17.50
			기타	108	70.50
099.8286C	26세대	1순위	해당	337	25.92
			기타	1,046	105.38
099.9069D	14세대	1순위	해당	139	19.86
			기타	357	69.86
112.5934A	12세대	1순위	해당	125	20.83
			기타	**165**	**47.33**
145.9291P	1세대	1순위	해당	7	7.00
			기타	11	-

2018년
우수 청약 예정지는?

시흥 장현지구

시흥 장현지구는 293만㎡ 면적에 1만 6,000여 세대를 공급한다. 인근 택지지구 규모와 비교해 본다.

시흥 목감지구: 175만㎡, 1만 2,000세대

시흥 은계지구: 201만㎡, 1만 3,000세대

부천 옥길지구: 133만㎡, 9,300세대

(2018년 상반기 현재) 장현지구 체크포인트를 기억한다.

- 비조정지역
- 세대원도 청약 가능, 2주택 이상 보유자 청약 불가
- 85㎡ 이하 100% 가점제, 무주택자만 청약
- 85㎡ 초과 50% 가점제, 1주택자까지만 청약
- 전매제한 12개월

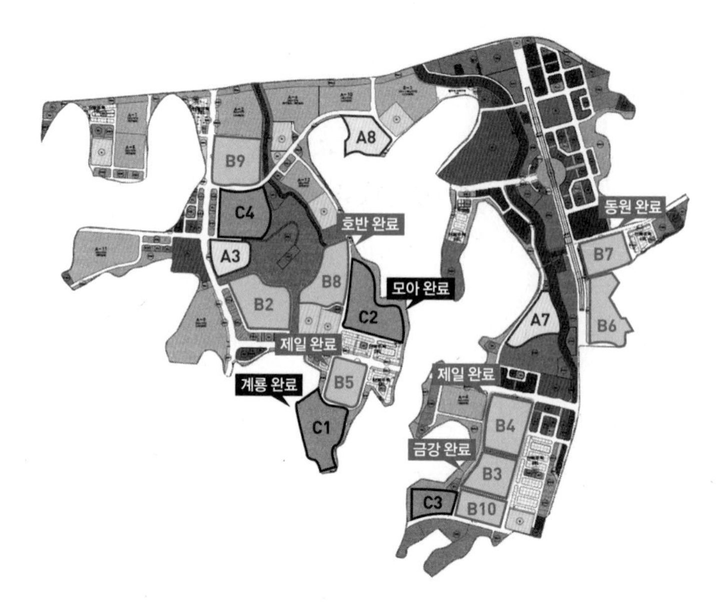

시흥 장현지구 토지계획 이용도

장현지구는 2017년 말부터 분양을 시작했고, 2019년까지 분양 예정이다.

과천 지식정보타운

과천 지식정보타운은 135만㎡ 면적에 약 8,000세대를 수용한다. 그린벨트를 풀어 조성한 보금자리택지지구다. 분양가상한제가 적용되어 인근 과천 재건축단지보다 훨씬 저렴한 분양가로 공급될 것이다. 2020년엔 4호선 과천지식정보타운역 개통이 예정되어 있고 지식

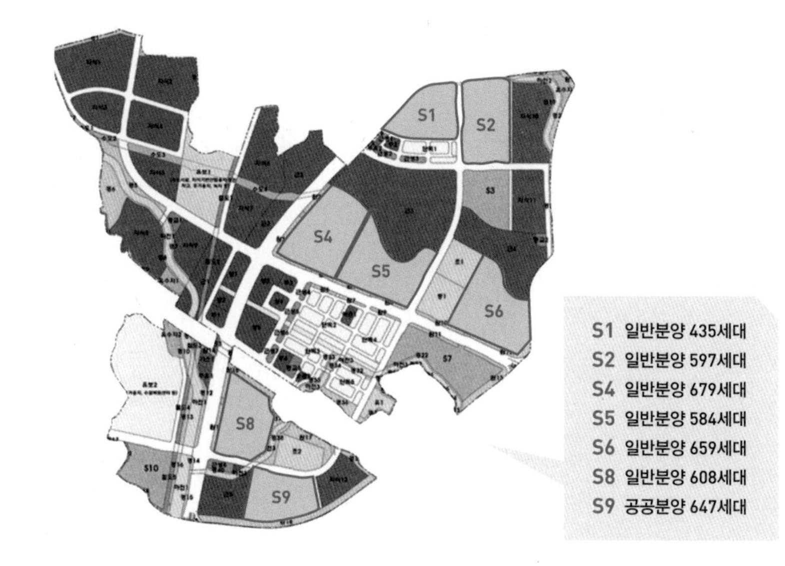

과천 지식정보타운 토지계획 이용도

기반산업단지가 들어설 예정으로 일자리와 교통까지 해결된다.

(2018년 상반기 현재) 과천 지식정보타운 체크포인트를 기억한다.

- 투기과열지구
- 세대주만 청약, 5년내 당첨자 및 2주택 이상 보유자 청약불가
- 85㎡ 이하 100% 가점제, 무주택자만 청약
- 85㎡ 초과 50% 가점제, 1주택자까지만 청약
- 소유권 이전등기까지 전매불가
- 중도금 대출 40%(주택담보대출 미보유시)

과천 재건축

정부청사 이전과는 관계없이 이미 우수한 입지와 생활편의시설 등의 인프라를 충분히 갖춘 곳이다. 2018년 1월부터 본격적으로 분양을 시작했다.

- 과천 당해지역 1순위 우선(당해 미달시 다음날 기타지역 1순위 청약)
- 투기과열지구
- 세대주만 청약, 5년내 당첨자, 2주택 이상 보유자 청약불가
- 85㎡ 이하 100% 가점제, 무주택자만 청약
- 85㎡ 초과 50% 가점제, 1주택자까지만 청약
- 소유권 이전등기까지 전매불가
- 중도금 대출 40%(주택담보대출 미보유시)

북위례·거여마천뉴타운·하남감일지구

서로가 서로에게 영향을 주고 받는 유망 청약지다. 강남4구 송파구의 재정비촉진지구를 중심으로 남쪽에선 위례신도시의 북위례가 분양하고, 북쪽엔 보금자리지구인 하남감일지구가 분양한다. 모두 투기지역, 투기과열지구에 포함되므로 1순위 청약 규제와 전매제한을 기본 세트로 가져간다.

감일지구를 제외한 두 지역은 전용면적 84㎡ 9억 원 이상 분양가가 관건이다. 중도금 대출 보증기관의 보증 범위를 넘어서면 대출이 불가하기 때문이다.

여기서 소개한 청약지 외에도 광명 재개발, 영등포 재개발, 청량리 재개발, 강남 재건축 등 재정비사업이 꾸준히 진행되니 관심을 놓지 않길 바란다.

청약 당첨, 이렇게 실현했다

보라매 2차 이편한세상

네이버 월천재테크 카페와 발품 카페에서 모집한 수강생들의 당첨 사례다. 그 중 한 수강생이 네이버 발품 카페에 올린 당첨 후기를 보자.

"8.2대책에 관한 뉴스를 수도 없이 들었지만 관련 지식이 전무했습니다. 그러던 중 월용쌤의 강의는 어떤 점이 변했고, 변화된 정책에 어떤 대응을 해야 하는지에 대한 훌륭한 가이드가 되었습니다. 막연한 청약신청이 아닌 전략적인 준비가 필요하다는 점을 알게 되었습니다. 강의에서 강조한 것들을 준비하기 시작했고, 2018년 서울 아파트 청약의 시작이었던 보라매 2차에 선택과 집중을 할 수 있도록 조언을 해주신 덕택에 당첨될 수 있었습니다."

그는 가점 44점으로 84C 타입에 당첨되었다. 단 3점 차, 당첨 최고점수와의 차이는 무려 26점이다. 같은 점수로 전용면적 59㎡를 선택했다면 당

수강생들이 대거 당첨된 보라매 2차 이편한세상의 청약결과

보라매 2차 이편한세상					
주택형	공급세대	접수건수	경쟁률	가점 최저	가점 최고
59A	48	900	18.75	**53**	74
59B	63	841	13.35	**47**	74
59C	49	505	10.31	**45**	65
84A	171	1,235	7.22	**41**	74
84B	41	320	7.80	**42**	69
84C	128	949	7.41	**41**	70

2018년 3월 기준

연히 떨어졌을 것이다. 당시 서울 청약 분위기와 분양가, 그리고 서울 내 다른 분양 예정단지와의 상관성으로 청약 결정까지 복잡한 고민을 해야 했다.

청약 결정 전 수강생과의 상담 내용

안녕하세요. 문의 드릴 것이 있습니다.
현재 가점 44점에 사정상 59㎡를 목표로 하고 있는데 염리3/신정2-1/당산/고덕주공6/ 그리고 보라매2를 고려하고 있습니다.
쉽지는 않겠지만 제 조건으로 그래도 가능하다고 여겨지는 곳이 있을지 문의 드립니다.

일러주신곳에는 44점으로 59㎡ 당첨 힘듭니다.
가격대는 보라매2 외엔 8억 이상 할 곳이고 보라매 제외하고 59가격이 보라매 84 가격과 비슷할거예요.
그럼 보라매 84A나 84C중에 고르세요.

청약 전, 당시 청약가점과 현금 여력을 따져 서울 전역의 초인기 분양 예정단지를 피해 보라매 2차 이편한세상에 청약하라고 권유했다. 다른 분양단지들의 전용면적 84㎡ 시세는 8억 원을 훌쩍 뛰어넘어 10억 원을 바라보는 상황이었고 자이2차 분양을 마지막으로 신길뉴타운의 신규 아파트 공급이 중단될 예정이었다.

보라매 2차 이편한세상 전용면적 84㎡에 당첨될 만한 가상 청약자를 만들어 보자.

1 만 35세, 자녀2명, 총 가점 41점

- 무주택가점 12점(만 30세부터 계산)
- 부양가족가점 20점(부양가족 3명)
- 통장가입기간 9점(만 28세 취직과 동시에 청약통장 가입시)

2 만 40세, 싱글, 총 가점 41점

- 무주택가점 22점(만 30세부터 계산)
- 부양가족가점 5점(부양가족 0명)
- 통장가입기간 14점(만 28세 취직과 동시에 청약통장 가입시)

이렇듯 3040세대에게도 서울 아파트 청약 당첨기회는 있다.

2018년 4월 국토교통부 보도자료에 따르면 서울 아파트 당첨 가점이 8.2대책 전보다 평균 6.1점 하락하였다. 어디까지나 평균의 얘기이고, 일부 평형에 따라선 10점 이상 하락이 보이기도 한다. 8.2대책 이후 50~60점대의 청약자들에겐 희소식이 되었지만, 여전히 30~40점대 가점의 서울 무주택 청약자들에겐 '이전보다 당첨에 가까워졌다'는 상황이 전혀 체감되지 않는다. 어지간한 인서울 아파트 청약 커트라인은 그것을 상회하기 때문이다.

30~40점대 가점자들은 현 청약시장을 어떻게 극복해나가야 할까? 당첨되자마자 수억 원의 프리미엄을 보장해주는 청약 단지 외의 분양 건들에 주목해야 한다. 이번 당첨 사례와 같이 대규모 재정비 구역 '인근 단지'나 서울시내 주요업무지구 부근에 분양하는 아파트에서 '조금 떨어져 있는' 분양 건들 말이다. 분양가보다 더욱 상승할 내재가치가 있는 저평가 분양 아파트가 한 해에도 몇 건씩 나타난다. 분양소식이 나오면 지나치지 말고 한 번쯤 검증하는 과정을 거치길 바란다.

PART

04

청약 전략, 플랜B를 노려라!

수도권 내 전매 가능한 지역 골라보기

11.3대책과 8.2대책의 규제 중 가장 강력한 것은 분양권 전매 금지다. 청약통장 가입자가 아파트 당첨을 통해 취득하게 된 분양권을 실제 물건이 아닌 권리형태로 타인에게 파는 것을 전매라고 한다. 소유권 이전등기까지 전매를 금지를 했다는 것은 유동성을 강제로 차단했다는 말이다. 유동성이 좋다는 건 매매가 활발하다는 것의 다른 표현이다.

가만히 놔두면 자연스럽게 흘러갈 물줄기를 강제로 막아뒀다면 결과는 두 가지다. 수위가 차 오르다 임계치에 도달하면 넘쳐 흐르거나 터진다. 또는 심한 가뭄으로 물줄기가 마를 때까지 기다려야 한다. 몇 년 동안 우기가 지속될 것이 예상되면서도 억지로 막아두었다면 언젠간 넘친다.

같은 입지, 같은 가격이라면 전매 가능한 아파트가 그렇지 않은 아

수도권 내 조정대상지역 구분(공공, 민영)

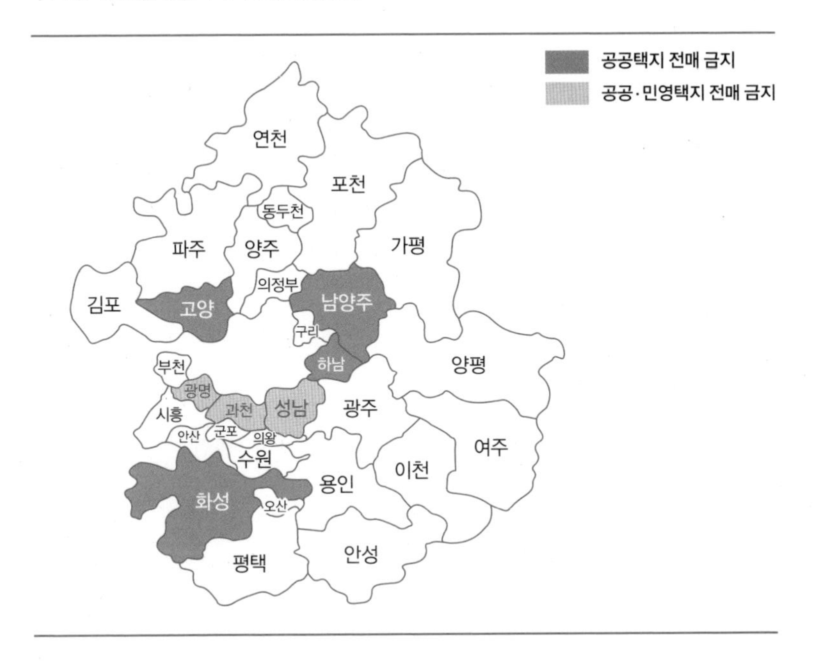

파트에 비해 훨씬 인기가 많은 것은 당연하다. 실거주를 염두에 둔 분양권 취득이라도 급히 매도해야 하는 일이 생길 때를 대비할 수 있기 때문이다. 그만큼 매매 행위 자체가 가벼워진다.

사려는 사람은 많은 데 팔려는 사람이 적으면 당연히 가격은 올라간다. 사려는 사람은 많은데 팔려는 사람이 없으면 가격은 존재하지 않는다. 매매 자체가 성립되지 않으니 시장 유동성은 제로가 된다. 부동산 시장이 과열됐다고 판단한 지역에 정부가 전매제한을 걸어 놓아 유동성을 없애는 동시에 가격을 묶어 놓은 곳이 회색 지역(광명,

과천, 성남)이다. 전매기간이 풀리면, 즉 소유권 이전등기가 나오면 응축되어 있는 유동성이 굉장히 세차게 뿜어져 나올 가능성이 크다.

주황색으로 칠한 고양시, 남양주시, 하남시, 화성시는 공공택지에 한하여 전매를 금지했다. 공공택지는 공공기관이 개발하는 택지를 말한다. 고양시의 향동지구, 원흥지구, 지축지구, 남양주시의 다산신도시, 하남시의 위례신도시, 감일지구, 화성시의 동탄2신도시를 포함한다. 4개시에서 공공택지 이외에 공급하는 민영택지의 전매기간은 6개월이다.

회색과 주황색을 제외한 나머지 수도권 지역에서 공급하는 아파트의 전매기간은 6개월 또는 1년이다. 송도신도시, 김포한강신도시, 운정신도시, 시흥 장현지구 등과 같은 대규모 택지공급 분양 아파트의 전매기간은 1년이고, 구도심에서 공급하는 아파트의 전매기간은 6개월이다. 전매제한은 존재하지만 그 기간이 짧고, 소유권 이전등기 전 분양권 상태로 매매가 가능하다면 가격 흐름은 자연스럽게 이어진다. 매도와 매수가 적당한 줄다리기를 하면서 조금씩 속도를 조절하기 때문이다.

청약에 앞서 매도 포지션을 정해야 한다. 등기 전에 매도해야 한다면 무조건 분양권 전매 가능지역에만 청약해야 한다. 등기 전에 매도해야 하는 상황은, 잔금 치를 여력이 안되거나 여러 이유로 무주택 또는 1주택을 유지해야 하는 경우일 것이다. 등기여부와 상관없다면 필요자금 스케줄만 점검, 무리한 결정을 내릴 일이 없을 것이다.

유형별
분양가 판단의 기술

시세대비 저렴한 분양가 아파트:
김포한강신도시 이랜드타운힐스

시세 대비 저렴한 분양가로 공급하는 아파트는 청약 결정이 쉽다. 하락해도 손해가 덜하고 상승하면 상승폭도 크기 때문이다. 김포한강신도시 이랜드타운힐스 분양 당시 김포 아파트 시장은 방향성을 결정짓는 중이었다. 바닥을 찍고 오르거나 바닥에서 조금씩 상승하는 모양을 보였다.

기입주한 아파트의 시세와 비교하면(연식 차이가 남에도 불구하고) 전용면적 84㎡ 기준으로 5,000만 원 가량 분양가가 저렴했다. 기존 아파트 가격이 유지된다면 적어도 그 만큼의 갭Gap을 메우게 되고 상승기엔 신축 이점으로 기존 아파트 상승분을 뛰어 넘게 된다. 여러분들이 이 책을 읽고 있는 지금, 시세를 확인해보라.

김포 아파트 시장 방향성

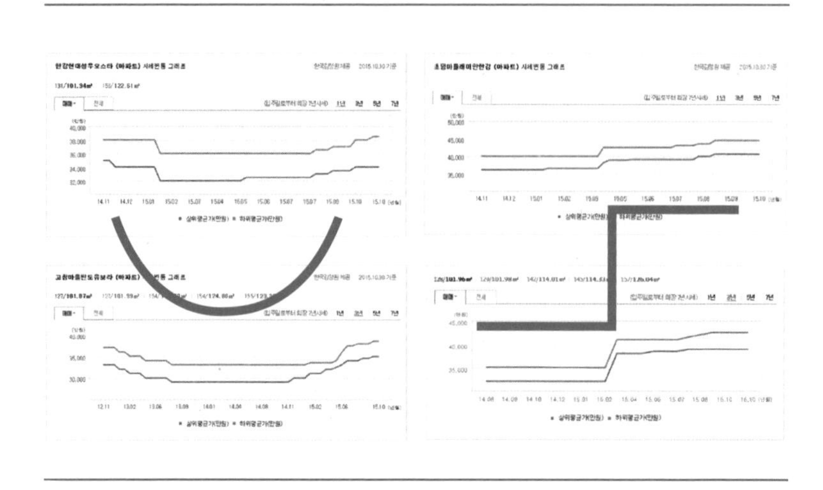

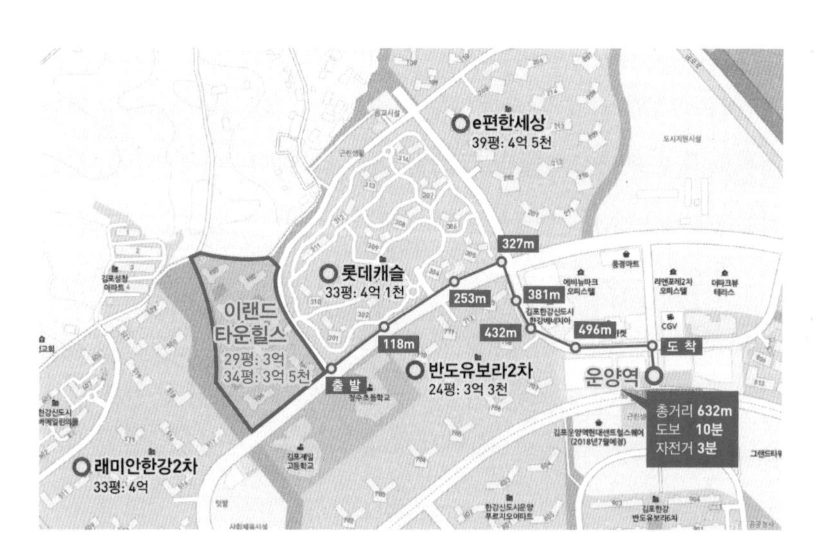

2014~2015년 김포 한강 신도시 일부 단지 시세와 이랜드타운힐스에서 운양역까지의 거리

주변시세와 비슷한 분양가 아파트: 백련산 SK아이파크

근처 백련산 힐스테이트 1차, 2차, 3차가 2012년 초 입주를 마무리 했다. 그 이후 백련산 힐스테이트 4차가 2017년 8월에 입주를 했고, 바로 북측에 위치한 백련산 파크자이가 2019년 2월에 입주 예정이다. 아래 그림을 통해 백련산 SK아이파크 분양 당시의 시세를 보자.

기입주 아파트 시세와 입주 예정 아파트의 분양가는 전용면적 84㎡ 기준 5억 원 전후로 형성되어 있었다. 뭔가 이상하지 않은가? 가격이 똑같다. 분양 시장을 조금만 관심 있게 지켜봤다면 똑같을 수 없다는 사실을 알 수 있다. 게다가 이들 아파트보다 백련산 SK아이파크는 평지에 가까운 부지에 자리를 잡았고 응암역, 새절역에 보다 가깝다. 당첨과 동시에 프리미엄을 품고 시작하는 청약지인 셈이다.

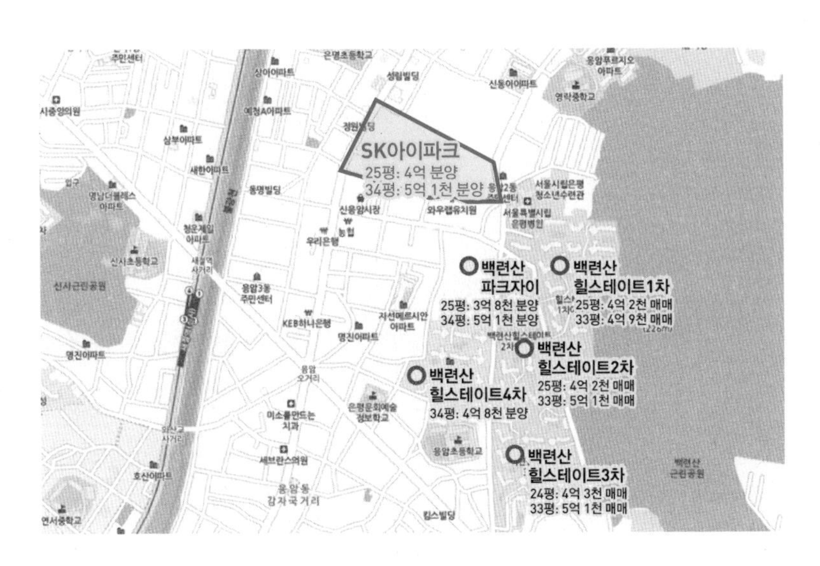

백련산 SK아이파크의 위치와 분양 당시 인근아파트 매매가·분양권 시세

주변시세보다 비싸지만 신규 공급이 부족했던 지역:
인천 구월 지웰시티 푸르지오

인천시청이 위치한 구월동에 2007년 입주한 재건축 단지들이 있다. 이후 인근에 신축 공급이 부족했고 새 아파트에 대한 갈증이 충분히 차오른 상황이었다. 2017년 6월 구월 지웰시티푸르지오를 분양했는데 당시 분양가는 전용면적 84㎡ 4억 원에 육박했다. 인근 단지보다 4,000만 원 이상 비쌌다. 청약 판단을 하기에 앞서 분양가를 인정할 만한 조건들을 찾아야 했다.

지하철 1, 2호선 환승역인 인천시청역이 도보 가능 범위에 위치해 있고 인천시청은 신청사 건립 예정이었다. 관공서 바로 앞에 입주하는 아파트는 관련 종사자의 수요를 끌어당겨 매매와 임대 수요를 동시에 충족시킬 수 있다. 또한 수도권 광역급행철도 GTX-B노선의 예비타당성 조사가 예정돼 있었고 이를 통과한다면 단숨에 수도권 전역에서 가장 큰 관심을 받을 수도 있다. 또한 구월 지웰시티푸르지오가 완공되면 최고층 43층으로 주변 건축물 중 가장 높아 랜드마크로 인정받을 여지도 있다.

공급이 부족했던 구도심에서 시세보다 비싸게 분양하는 경우 가격 기준점을 구축에 둘 것인가 신축에 둘 것인가 가치판단이 필요하다. 판단에 앞서 그 증거를 샅샅이 수집하자

예치금을 체크하라

청약 1순위 자격 조건 중에 지역·면적별로 예치금을 준비해야 한다는 내용이 있다. 기준은 표를 참조하자. 예치금은 지역에 따라 서울특별시·부산광역시, 기타광역시, 기타지역으로 분류된다. 전용면적은 각각 85㎡, 102㎡, 135㎡를 기준으로 예치금 차등을 두었다. 예치금은 청약 대상지에 따라 바뀌는 것이 아니라 청약자의 등본상 주소지 기준으로 결정된다. 서울 사는 청약자가 부천시에 분양하는 A아파트 84㎡에 청약하려면 300만 원의 예치금을 마련해야 한다. 반대로 부천시에 사는 청약자가 서울에 분양하는 B아파트 84㎡에 청약하려면 200만 원의 예치금만 있으면 된다.

가점 1점 차이는 당첨의 당락을 정하고, 예치금 차이는 청약 자체를 구분한다. 납입한 예치금에 따라 같은 아파트라도 청약 가능 면적이 달라진다. 예를 들어 서울 B아파트에 전용면적 59㎡와 113㎡ 딱

전용면적별·지역별 예치금 기준

전용면적	서울 / 부산	광역시	기타지역
85㎡ 이하	300만 원	250만 원	200만 원
102㎡ 이하	600만 원	400만 원	300만 원
135㎡ 이하	1,000만 원	700만 원	400만 원
모든면적	1,500만 원	1,000만 원	500만 원

두 개 평면만 분양한다고 가정한다. 300만 원 이상 600만 원 미만의 예치금을 준비했다면 59㎡에만 청약이 가능하다. 1,000만 원 이상의 예치금을 준비했다면 59㎡은 물론 113㎡까지 선택의 폭이 넓어진다.

소형아파트 선호 때문에 59㎡에 청약자가 쏠린다고 예상했고, 이를 피해 113㎡ 청약 계획을 세웠지만 청약통장에 예치금을 1,000만 원 이상 납입하지 않았다면 알고도 청약을 못 한다. 단순하게만 생각했던 면적별 예치금 차이는 실제 청약 시장에서 어느 정도의 결과로 나타날까?

2016년 3월 분양했던 개포 래미안블레스티지(개포2단지)의 청약 경쟁률표를 보자. 49㎡, 59㎡, 84㎡는 300만 원 이상, 99㎡는 600만 원 이상, 113㎡, 126㎡는 1,000만 원 이상의 예치금이 필요한 3개 그룹으로 나눠진다. 첫 번째 그룹에서 최고 경쟁률은 59A 타입의 67.64:1, 두 번째 그룹에서의 최고 경쟁률은 40.83:1(99D 타입), 세 번째 그룹 최고 경쟁률은 15:1이다. 이렇게 보면 큰 차이가 없어 보이지만 최저 경쟁률 간 비교를 하게 되면 세 번째 그룹의 113B㎡ 청약경

개포 래미안블레스티지의 청약경쟁률

평형 / 타입	세대수	접수건수	경쟁률
49A	27	440	16.30
59A	**22**	**1,488**	**67.64**
59B	26	689	26.50
84B	40	2,397	59.93
84C	21	1,267	60.33
84D	12	338	28.17
99A	28	67	21.68
99B	15	91	6.07
99C	42	1,246	29.67
99D	**6**	**245**	**40.83**
113A	10	74	7.40
113B	**12**	**35**	**2.92**
113C	14	98	7.00
126A	37	259	7.00
126B	5	75	15.00

쟁률 2.92:1은 매우 낮다는 걸 확인할 수 있다.

선호 평면, 비선호 평면을 구별할 줄 알면 최고 경쟁률과 최저 경쟁률 예상이 쉽다. 만약 이를 간파하고 해당 아파트 모집공고일까지 청약하고자 하는 면적에 맞게 예치금 납입을 해둔다면 당첨 경쟁률을 23배 이상 높일 수가 있다는 것이다(59A 67.64:1과 113B 2.92:1 경쟁률 간 차이).

중소형 선호는 인구통계학적으로도 풀이할 수 있지만, 세대 면적이 클수록 가격이 비싸 청약자가 줄어드는 것은 상식적으로 당연한 얘기다. 다시 얘기하면 각 예치금 구간이 넓어질수록 그에 해당하는 청약자 수가 줄어든다. 이 부분에 착안해 큰 면적 아파트에 청약한다면 역선택 적중 가능성이 높다.

당첨 후 가격 상승 흐름은 어떨까. 소형의 상승폭보다 대형의 상승폭이 클 수밖에 없다. 이유는 각 단위세대가 갖고 있는 가격 천장이 존재하기 때문이다. 같은 단지 내 같은 조건이라면 59㎡의 아파트 가격은 84㎡를 넘어설 수 없고, 84㎡의 가격은 99㎡의 가격을 뛰어넘을 수 없다. 개포 래미안블레스티지의 분양권 가격 추이를 분기·반기별로 추적해보면 어느 시점부터 소형과 대형 세대간 절대 프리미엄의 순서가 뒤바뀌는 것을 볼 수 있다.

또 하나의 예를 보자. 2017년 7월에 판교 더샵퍼스트파크를 분양했다. 판교는 성남시에 속하기 때문에 1순위 청약자는 성남시민이었고, 인근에서 보기 드문 신규 분양아파트인 탓에 청약 열기는 모델하우스 공개 전부터 뜨거웠다. 결론부터 보자.

84㎡, 114㎡, 129㎡ 면적으로 구성된 이 아파트의 청약경쟁률에서 동일한 패턴이 확인된다. 면적 간 최저 경쟁률을 비교한다면 각각 7.66:1, 1.70:1, 2.45:1이다. 성남시 기준 84㎡에 청약 시 예치금 200만 원과 114㎡, 129㎡ 청약 시 예치금 400만 원의 차이다. 전매제한 이후의 가격 추적비교는 독자들에게 맡긴다.

더샵퍼스트파크의 청약결과

				접수건수	경쟁률
084.9746A	130세대	1순위	해당	5,462	42.02
			기타	0	-
084.8034B	89세대	1순위	해당	682	**7.66**
			기타	0	-
084.9530C	165세대	1순위	해당	1,839	11.15
			기타	0	-
114.8623A	129세대	1순위	해당	2,078	16.11
			기타	0	-
114.5609B	118세대	1순위	해당	323	2.74
			기타	0	-
114.4029C	69세대	1순위	해당	117	**1.70**
			기타	0	-
129.9777A	38세대	1순위	해당	584	15.37
			기타	0	-
129.9777B	40세대	1순위	해당	166	4.15
			기타	0	-
129.8347C	76세대	1순위	해당	186	**2.45**
			기타	0	-

적정 프리미엄,
어떻게 산출해야 하나

역시 '당첨되면 얼마 오를까'가 가장 중요하다. 청약자들의 공통적인 생각이다. 내 집 마련을 위한 청약이든 투자용이든 말이다. 이 장에서는 청약 단지 프리미엄이 얼마나 오를지에 관한 이야기를 하겠다. 전매제한이 없다고 가정하고 2016년 11월에 분양했던 동탄2신도시 C17블럭 우미린스트라우스 2차(이하 C17)의 사례를 전격 해부해본다.

동탄2신도시 우미린스트라우스의 입지와 가격은?

이 물음엔 딱 두 가지만 고려한다. 입지와 가격이다.

입지: C17 > A72 > A66 > A67 > A73 (좋은 순)

분양가: A67 > A72 > A73 > A66 > C17 (높은 순)

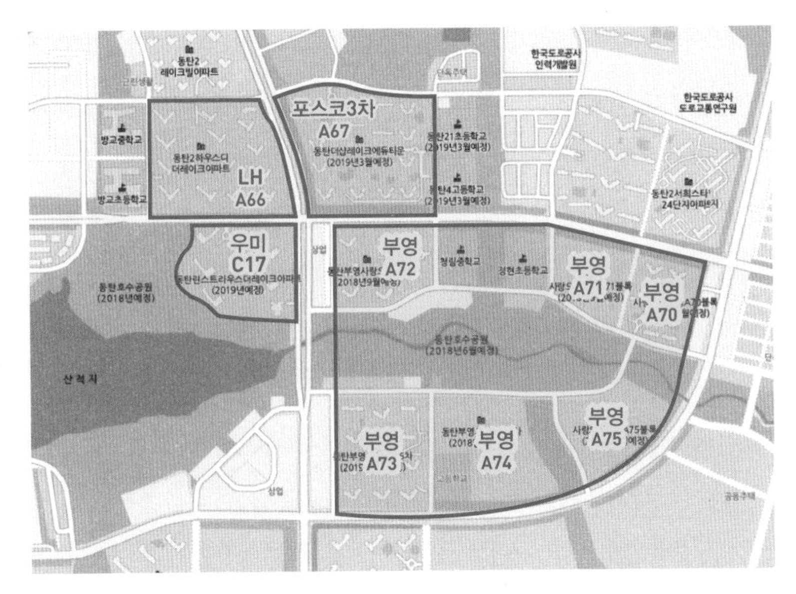

LH, 부영, 포스코, 우미 순으로 분양

동탄 호수공원은 동탄2신도시에서 남쪽에 있고 그 인근을 남동탄이라고 부른다. 호수공원을 둘러 싸고 있는 아파트는 남동탄에서 가장 입지가 좋다고 평한다. 같은 가격이라고 할 때 입지 순서는 위와 같다. 호수와 인접하고 호수를 보는 조망이 영구적으로 확보되어 있는 단지 순이다.

가격은 전용면적 84㎡(34평형) 기준 분양가가 높은 순서대로 나열한 것이다. C17의 입지는 남동탄 호수공원 인근 단지 중 가장 좋고 분양가는 가장 저렴하다. 일단 청약 대상으로써 고민조차 필요 없다.

분양권을 매수하는 입장에서 C17는 투자할 만한가?

이 물음의 답을 구하기 위해서는 각 단지를 분양권 상태에서 당장 매수한다 가정할 때 투자금 계산이 필요하다. 2016년 11월 당시 부동산에서 말하는 전용면적 84㎡ 프리미엄을 합산해 매수 시 총 투자금을 계산해 본다(세금, 수수료 등 거래 비용은 제외한다).

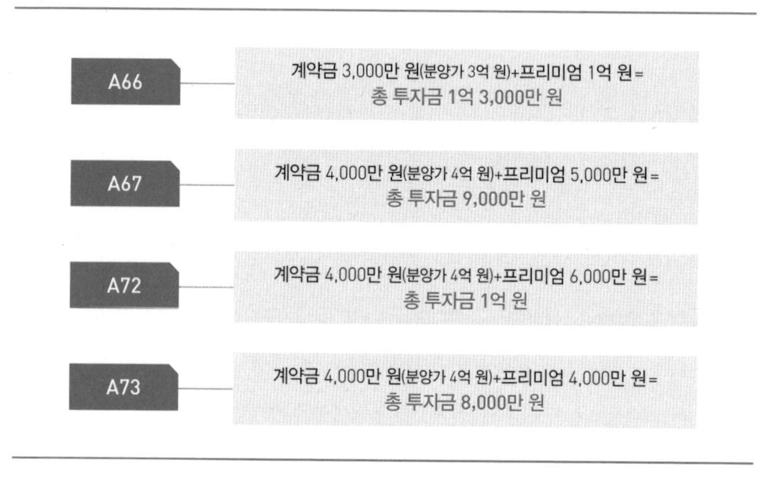

계약금 20%인 C17 대표평형 116㎡ 기준(46평)으로 보면, C17 전용면적 116㎡ 당첨 시 계약금은 약 1억 원이 필요하다(분양가 5억 2,000만 원×20%). C17를 제외한 4개 단지를 매수할 때 필요한 투자금은 8,000만 원~1억 3,000만 원이므로 기분양단지에 프리미엄을 지불하고 매수하는 금액과 C17에 당첨되어 투입되는 금액은 비슷하다. 이 때 C17은 투자할 만한가?

C17를 매수한다면 얼마 정도의 기대이익을 예상할까?

각 단지별로 필요한 투자금이 계산되었고, C17를 매수했을 때 기대이익에 따른 적정 투자금을 가늠해보기 위해선 나머지 4개 단지 분양가에 프리미엄을 포함한 3.3㎡당 가격 계산이 필요하다. 숫자가 어지러울 땐 단일 기준을(3.3㎡ 당 얼마인지를) 잡는 것이 정리가 편하면서도 꽤 유용한 판단기준이 된다.

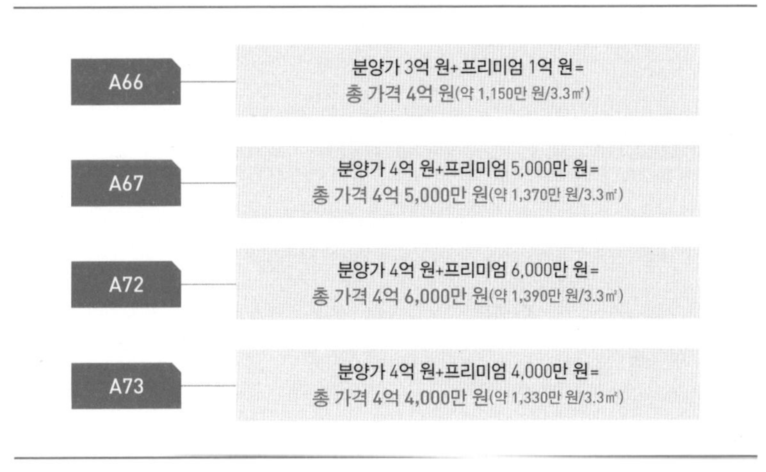

C17의 대표면적 116㎡기준의 분양가는 5억 2,000만 원(약 1,130만 원/3.3㎡)이다. 가격 환산을 끝냈으니 이제 기대이익을 계산해 볼 수 있다. 84㎡와 116㎡의 선호도를 동일한 수준으로 놓고 A67, A72의 평당 가격을 보수적으로 1,330만 원이라 가정해도, C17의 가격은 3.3㎡당 200만 원이 싸다. 이제 공급 면적 기준으로 역산하면, 46평

×200만 원=약 9,000만 원의 기대수익이 바로 계산된다.

하지만 단번에 9,000만 원이 오를 수 없고, 후에 이보다 오를 수도 떨어질 수도 있기 때문에 투자자들의 심리적 투자상한선은 그 중간인 5,000만 원 정도로 계산된다. 그렇다면 총 투자금은 계약금 1억 400만 원+프리미엄 5,000만 원=1억 5,400만 원이 나온다.

자, 이제 두 번째 물음(C17는 투자할 만한가?)을 통해 계산해 놓은 것 아래에 C17을 배치해 함께 비교해보자.

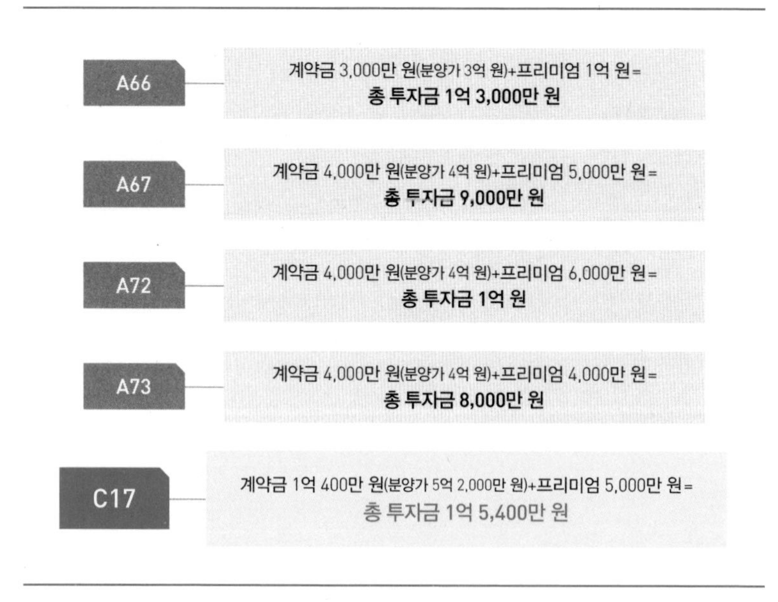

투자자들이 다른 단지보다 상대적으로 더 큰 투자금을 들여 C17에 투자하는 이유는 다음 3가지 이유로 해석할 수 있다.

1 C17 매수 시 5,000만 원의 프리미엄을 지불하고서도 추가 4,000만 원 이상의 기대수익을 예상한다.

2 C17은 남동탄에서 가장 좋은 입지에 있기 때문에 가격을 주도할 것이다.

3 그렇다면 C17이 오를 폭만큼 다른 단지도 따라 상승한다. 따라서 비싸도 지금 사두는 것이 이득이다.

미분양에도 얼마든지 기회가

청약과 정당계약 기간이 지난 후에도 미계약 세대가 존재할 경우 보통 '미분양 났다'고 한다. 국토교통부에서는 전국 미분양 현황을 매달 발표한다. 분명히 미분양과 부동산 시장의 상관관계는 있다. 하지만 미분양이 증가한다 해서 부동산 시장이 침체기에 들어섰다고 결론짓기는 애매하다. 미분양 숫자 속에 숨어 있는 지역과 분양가를 자세히 들여다봐야 현명한 시장판단이 가능하다. '왜 미분양이 발생할까?'가 가장 먼저 해야 할 질문이다.

입지, 분양가, 분양시기 3가지 변수가 독립적으로 작용하거나, 혹은 두세 가지 동시에 맞물리거나 하면 미분양이 발생한다.

입지

전국민이 관심을 갖는 대규모 신도시는 특별한 규제가 없는 한 예비청약자의 선호도가 높은 게 당연하다. 교통, 교육, 편의시설 등 인프라가 갖춰진 대도시와 거점 도시에서 분양하는 아파트 역시 선호도가 높다. 인프라가 갖춰질 예정이거나, 이미 인프라가 구축된 지역과 동떨어진 곳이라면 미분양 가능성이 있다고 보면 된다. 당연한 얘기라고? 이게 '내 사례'가 되면 머리가 아닌 가슴으로 판단하고 있는 모습을 발견하게 될 것이다. 업계 종사자나 전문가들이 하는 설명을 들으면 설득 당하기 일쑤다.

이런 아파트는 가까운 역까지의 거리를 도보로 표현하는 대신 자가용과 대중교통 소요시간으로 홍보하거나, '모 신도시의 생활권을 누릴 수 있다'고 얘기하곤 한다. 물론 인적이 드물고 자연친화 주거지를 선호하는 사람들은 분명히 있다. 하지만 시세차익을 원하는 일반적 투자성향을 가지고 쉽게 접근하면 원하는 결과를 얻기 힘들 수 있다.

분양가

입지가 조금 떨어져도 엄청나게 저렴한 분양가라면 언젠간 오를 가격으로 인한 시세차익을 기대할 수 있다. 하지만 반대로 입지는 엄청나게 좋지만 분양가가 그 이상으로 높게 책정되어 버리면 미분양이 발생한다. 가장 좋은 입지에 분양하는 아파트만 바라고 있다가 실제 이런 경우를 겪게 되면 청약 계획이 단번에 무산될 수 있다.

분양시기

뛰어난 입지에 시세보다 저렴하게 분양하는 아파트의 경우라도 부동산 침체기에 분양하거나 예비청약자들의 이목을 끌지 못한 경우 미분양이 발생한다. 그리고 분양 당시 과열이 예상될 아파트와 그보다는 약간 인기가 떨어지지만 비교적 괜찮은 입지의 아파트가 동기간에 분양할 경우 후자가 미분양될 가능성이 있다. 이런 상황을 주목하자. 이것이 틈새다. 한 가지 예를 들어본다.

민영아파트 미분양 사례: 광교신도시 울트라참누리

2013년 9월에 분양했던 두 아파트가 있다. 위쪽은 위례신도시 아이파크, 아래쪽은 광교신도시 울트라참누리의 최종 청약경쟁률이다. 배경설명이 조금 필요하다. 위례 아이파크는 전용면적 87m² 위주 구성, 광교 울트라참누리는 전용면적 59m²로 구성된다. 1순위 청약일은 9월 12일 같은 날이었지만 당첨자 발표일은 각각 24일, 25일이기 때문에 두 아파트 모두 청약할 수 있었다. 두 아파트 모두 당첨될 경우에는 발표가 앞선 위례 아파트의 당첨만 인정하고, 광교 아파트 당첨은 자동 취소된다.

광교 울트라참누리는 신분당선 종착역인 광교역(경기대역) 도보 역세권에 위치해 있다. 아파트 전용면적 59m²의 공급량이 광교신도시

위례신도시 아이파크의 청약결과

			접수건수	경쟁률
087.8869A	1순위	당해	1,176	58.80
		수도권	1,206	124.32
087.6889B	1순위	당해	110	5.50
		수도권	93	9.15
087.8354C	1순위	당해	286	10.59
		수도권	274	20.50
087.7696D	1순위	당해	38	3.80
		수도권	48	8.44
087.9605E	1순위	당해	17	1.89
		수도권	10	2.25

광교신도시 울트라참누리의 청약결과

				접수건수	경쟁률
059.5477A	117세대	1순위	당해	42	1.20
			기타경기	36	1.87
			서울인천	11	(▲28)
059.5477B	25세대	1순위	당해	7	(▲1)
			기타경기	10	1.67
			서울인천	1	(▲7)
059.6129C	144세대	1순위	당해	49	1.14
			기타경기	35	1.41
			서울인천	21	(▲39)
059.5653D	52세대	1순위	당해	8	(▲8)
			기타경기	8	(▲10)
			서울인천	4	(▲32)

전체 3만 1,000여 세대 중 1,000세대가량으로 그 수가 매우 적어 희소성이 있었다. 하지만 광교 중심지가 아닌 경계에 위치해 있다는 점과 철도 차량기지, 영동고속도로에 인접한 것이 당시 최대 단점으로 꼽혔다.

위례 아이파크는 위례신사선, 트랜짓몰, 트램을 코앞에서 이용할 수 있는 휴먼링 내에 위치해 있었고 행정지역도 송파구에 위치, 강남까지 접근 용이성 때문에 경쟁률 차이가 발생했다. 당시 청약 시장 침체 분위기 속에서도 위례신도시의 인기는 치솟았고(2018년 현재 인기 단지 청약경쟁률과는 차이가 크지만), 청약을 놓고 한 군데를 선택한다면 위례의 압도적인 우세였다.

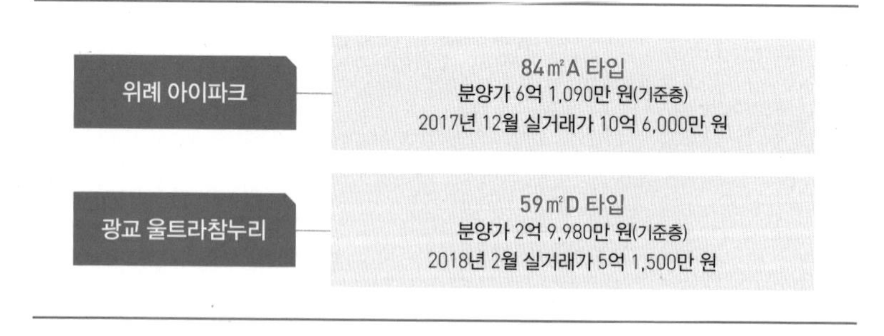

하지만 분양 후 만 4년이 지난 시점에서 가격차는 위와 같다. 분양가 대비 상승률은 70%대로 비슷한 수치를 보인다. 입지, 분양가, 분양시기를 면밀히 조사한다면 치열한 경쟁을 피해서 틈새 아파트 취득이 가능하다는 얘기다.

민영아파트 미분양 사례: 걸포 우방아이유쉘

2018년 하반기에 개통하는 김포도시철도 걸포북변역 인근에 2016년 말 분양했던 우방 아이유쉘은 당시 타지역 청약열기에 비해 처참한 경쟁률을 기록했다.

기타지역 2순위까지 기회가 온 김포 우방아이유쉘 청약결과

				접수건수	경쟁률	청약결과
075.8482A	20세대	1순위	해당	45	2.25	1순위 해당지역 마감 (청약 접수 종료)
			기타	38	-	
		2순위	해당	0		
			기타	0		
075.8424B	23세대	1순위	해당	2	(▲21)	2순위 해당지역 마감 (청약 접수 종료)
			기타	8	(▲13)	
		2순위	해당	38	2.92	
			기타	72	-	
075.9453C	22세대	1순위	해당	36	1.64	1순위 해당지역 마감 (청약 접수 종료)
			기타	26	-	
		2순위	해당	0		
			기타	0		
084.8922A	94세대	1순위	해당	19	(▲75)	2순위 해당지역 마감 (청약 접수 종료)
			기타	67	(▲8)	
		2순위	해당	34	4.25	
			기타	31	-	
084.9208B	34세대	1순위	해당	8	(▲26)	2순위 해당지역 마감 (청약 접수 종료)
			기타	13	(▲13)	
		2순위	해당	20	1.54	
			기타	27	-	
084.8318C	54세대	1순위	해당	3	(▲51)	2순위 마감 (청약 접수 종료)
			기타	11	(▲40)	
		2순위	해당	**5**	**(▲35)**	
			기타	**49**	**1.40**	

				접수건수	경쟁률	청약결과
084.9763D	19세대	1순위	해당	3	(▲16)	2순위 마감 (청약 접수 종료)
			기타	4	(▲12)	
		2순위	해당	6	(▲6)	
			기타	32	5.33	

일부 면적·타입은 2순위 기타지역까지 경쟁이 발생했다. 그만큼 당시 주목을 받지 못했다는 거다. 그런데 분양가와 입지, 그리고 근 미래를 상상해보면 상승가치가 충분한 아파트였다. 2011년 초에 입주한 오스타파라곤 1, 2, 3단지가 바로 옆에 있고 전용면적 84㎡ 기준 평당 1,000만 원의 시세, 전세가는 매매가 대비 80% 이상이었다. 우방아이유쉘 분양가는 오스타파라곤 시세와 거의 똑같았다. 우방아이유쉘이 입주하면 오스타파라곤과의 아파드 연식차이는 10년, 당연히 앞서나갈 상황이었다.

우방아이유쉘 분양 이후 6개월이 지나 인근에 걸포 메트로자이 1, 2단지를 분양했다. 분양가는 평당 1,200만 원 대. 우방아이유쉘은 전매제한 6개월이 지난 상태로 매매가 가능한 시기였다. 우방의 시세는 어떻게 변했을까? 메트로자이 분양과 동시에 즉시 수천만 원의 프리미엄 상승이 있었다.

이 외에도 비슷한 케이스가 많다. 수도권 신도시뿐만 아니라 2013~2016년 서울에서 분양했던 아파트들 중 꽤 많은 수가 미분양 상태를 겪었고, 그 순간들을 복기해보면 앞선 사례보다 더 큰 시세차익을 거둔 경우도 많았다.

공공분양 미분양 사례

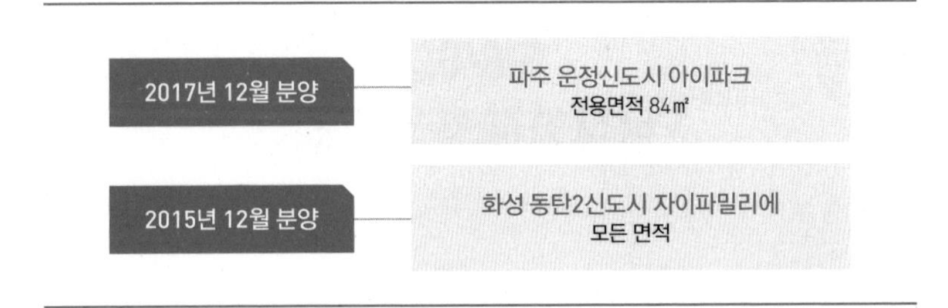

최하점에서 매수하고 최고점에서 매도하는 것은 불가능에 가깝다. 다만 실거주를 염두에 두고 시세차익은 덤으로 여기면서 차분하게 접근하는 자세가 필요하다.

2순위,
당해마감을 노려라

2013년 4.1 부동산 정책이 과거에 조였던 청약제도와 세제를 풀어 부동산 시장을 부양했다면, 2017년 8.2대책은 부양시켰던 시장을 실수요자 위주로 재편시키는 효과를 냈다. 동시에 청약제도도 손보았는데 대표적인 것이 조정대상지역 내 유주택자의 청약을 원천적으로 차단시킨 부분이다. 새 아파트가 당첨될 때까지 기존 주택을 잠시 보유하고 있다가 당첨이 되면 기존 주택을 처분하려는 계획을 세운 예비청약자나 여러 사정으로 주택을 보유하고 있던 예비청약자들은 청약 자체를 포기하게 되었다. 하지만 세부사항을 확인해보면 사실 이들에게도 청약 기회는 있다.

조정대상지역이면서 투기과열지구인 서울에 거주하고 있는 유주택자는 서울 시내 분양하는 전용면적 85㎡ 이하 아파트에 1순위와 2순위 청약 모두 청약자격이 없다. 서울 거주 1주택자는 전용면적

서울 거주 유주택자의 지역별 청약 가능 현황

	서울 내 분양아파트	수도권 내 비조정지역
1순위 청약	불가	가능 (당해접수마감시 해당 없음)
2순위 청약	불가	가능 (당해접수마감시 해당 없음)

85㎡ 초과 면적에 추첨제로 청약이 가능하다. 서울 거주 2주택 이상 보유자는 서울 내 청약이 아예 불가능하다.

하지만 조금만 눈을 넓히면 서울 거주 무주택, 1주택, 다주택자에게 모두 기회가 있다. 서울 외 수도권 비조정지역에 분양하는 아파트다. 조건이 있다. 대규모 택지공급이 예정된 신도시나 보금자리지구를 제외한 비조정지역에서는 당해 1순위·2순위 접수가 미달되어야 서울에 사는 유주택자의 청약이 가능하다.

예를 들어 2018년 상반기에 분양한 부천 온수역 이편한세상의 경우 1순위 접수일에 서울 거주자도 동시 청약이 가능하지만, 부천에 거주하는 청약자가 모집세대의 140% 이상 접수하게 되면 서울 청약자는 추첨 대상에서 제외가 된다. 100세대를 모집하는데 부천 사람이 140명 이상 청약하면 서울 청약자에겐 아예 기회가 발생하지 않는다는 말이다. 실제 온수역 이편한세상 84B 타입 66세대 모집에 부천 사람들이 388명 접수하여 경쟁률 5.88:1을 기록했다. 이때 기타지역(서울포함) 617명이 접수했지만 이미 부천에서 모집세대 수의 140%를 훨씬 뛰어넘는 청약자가 몰려 당첨이 무산되었다.

반면 2017년 6월 분양했던 인천 구월동 지웰시티푸르지오의 경우 1순위 접수일에 인천시 당해 거주자와 함께 서울 청약자도 추첨의 대상이 되었다. 실제 전용면적 95㎡ 52세대 모집에 인천 청약자는 41명으로 11세대가 미달되었다. 이때 기타지역에서 18명이 청약해 남은 11세대 내에서 경쟁하는 구도가 되었다. 경쟁률이 발생했다는 말이다. 기타경기 경쟁률은 1.64:1을 기록했다.

그렇다면 '청약 미달이 났다'는 건 '아파트 내재가치가 부족하다'는 말과 동의어일까? 꼭 그렇지만은 않다. 인천 구월동 지웰시티푸르지오 인근엔 신축이 부족했다. 인근 거주자들은 송도신도시로 이미 이주를 많이 했고 이주를 계획중인 가구들이 여전히 많았다. 그 중에도 정든 동네를 떠나는 것을 서운하게 생각하는 이들이 있을 것이고 그러는 도중 주변에 새 아파트가 들어선다면 이들의 욕구를 충족시켜 주기엔 충분하다고 판단했다.

뿐만 아니라 호재도 여러 개 있다. 인천 지하철 1, 2호선 환승역인 인천시청역이 이미 있고 인천 시청은 신청사 건립으로 설계를 진행 중이었다. 또한 신세계 스타필드 부지 선정에 대한 뉴스, 수도권 광역급행철도 GTX-B노선도 2018년 말 예비타당성 조사 예정에 있었다. 대규모 쇼핑몰 및 철도노선과 상관없이 이미 인천 구도심의 중심인 구월동 한가운데에 새 아파트가 들어선다는 자체로 내재가치는 충분했다.

이번엔 비조정지역에 거주 중인 유주택자 입장에서 보자. 비조정지역은 LTV 축소나 1순위 청약규제를 받지 않는다. 무주택자, 1주택

비조정지역 거주 유주택자의 지역별 청약 가능 현황

	서울 내 분양아파트	비조정지역
1순위 청약	불가	가능 (거주외지역 마감시 해당 없음)
2순위 청약	불가	가능 (거주외지역 마감시 해당 없음)

자, 다주택자 모두 청약할 수 있다. 비조정지역에서 분양하는 아파트 전용면적 85㎡ 이하는 가점제 적용분이 40%이기에 가점이 매우 낮은 다주택자도 남은 60%에 기대를 걸 수 있다. 전용면적 85㎡ 초과는 추첨제 100%라 84점 만점 가점자와 5점 가점자의 경쟁이 무의미해진다. 같은 출발선에서 시작한다는 말이다.

비조정지역에는 김포, 수원, 인천, 의왕, 부천, 안양, 안산 등 수도권에서도 조정지역에 묶이지 않은 도시가 포함된다. 이들 지역에서 분양하는 아파트의 경쟁률은 높지 않다. 이유가 뭘까? "등잔 밑이 어둡다"는 옛말이 딱 들어맞는 케이스다.

10년, 20년 이상 살고 있는 우리 동네 옆에 새 아파트가 들어선다. 우리 집은 3억 원인데 새 아파트가 4억 원을 넘는다. 이때 이런 생각이 든다. '1억이나 더 주고 당첨 받아 굳이 이사할 필요가 있나?' 그렇기 때문에 기회는 타지사람에게까지 돌아간다.

2017년 5월에 분양했던 안양 명학역 반도유보라더스마트의 사례를 보자. 안양에서 분양하는 아파트이기 때문에 안양 청약자에게 먼저 기회를 준다. 안양에서 미달이 발생하면 기타지역에서 청약한 사람들에게 경쟁이 발생하는 구조다. 지하철 1호선 명학역 도보 2분 내, 엎어지면 코 앞 단지다. 지상철이긴 하지만 철도를 정면으로 마주하는 쪽엔 오피스 동을 배치하여 아파트 세대로 오는 철도소음을 일부 차단시켰다. 이 때 매머드급 단지인 안양 메가트리아가 59㎡ 4억 5,000만 원 이상을 호가하는 상황이었고 명학역 반도유보라더스마트는 같은 면적이 이보다 약 1억 원 가량 저렴하게 분양했다. 메가트리아는 1호선 안양역과 명학역 중간에 위치하고 도보로는 양쪽 역까지 약간 숨차다 싶은 거리에 있다. 규모와 선호 차이에 따라 동일 수준에서 비교는 불가능하지만 명학역 반도유보라더스마트 청약 결정의 기준을 잡는 데는 충분했다.

명학역 반도유보라더스마트는 전용면적 59~61㎡ 3개 타입을 분양했다. 결과는 어땠을까? 1개 타입은 안양 당해 약 2.8:1로 마감, 나머지 2개 타입은 안양 당해 미달을 기록했다. 따라서 기타지역 청약자들의 경쟁이 발생했다. 만약 안양 청약자가 미달 난 2개 타입 중 하나를 선택했다면 바로 당첨이다. 등잔 밑이 어두운 결과다. 당해 사람들이 가진 생각의 줄다리기는 절대 끝나지 않을 것이다. 맘에 쏙 드는 아파트가 바로 옆에 분양해도 청약 결정장애를 유발하는 분양가가 항상 변수이기 때문이다.

청약 당첨, 이렇게 실현했다

구리 수택 이편한세상

네이버 월천재테크 수강생의 당첨 사례다. 2017년 7월 분양 당시 구리 수택 이편한세상과 분양이 겹치는 청약 건이 많았다.

2017년 구리 수택 이편한세상 분양 당시 타 지역 아파트 분양일정

7월						
일요일	월요일	화요일	수요일	목요일	금요일	토요일
2	3	4	5 청라1순위 판교1순위 고덕1순위 구리1순위 월계1순위 용산1순위	6 송도1순위 지축1순위	7	8
9	10	11	12 청라발표 구리발표	13 송도발표 판교발표 고덕발표 지축발표 용산발표	14 월계발표	15

구리시 아파트는 당해지역 거주자만 청약할 수 있어 구리에도 청약하고 다른 지역에도 청약할 수 있는 구리시민 입장에선 선택이 쉽지 않았다. 성남 당해 마감인 판교 더샵, 서울 당해 마감인 고덕 센트럴아이파크·용산 센트럴파크해링턴스퀘어·월계역 인덕아이파크는 일단 제외. 구리 청약자는 당첨자 발표일이 겹치는 청라 한신더휴를 선택해야 했다. 그 다음 날엔 송도 랜드마크시티더샵, 지축지구에서 첫 분양한 지축역 센트럴푸르지오도 구리시 청약자에게 열려 있었다.

그래도 구리 당해 청약자의 최대 이점을 이용하여 수택 이편한세상에 청약했다. 청약이 뜸했던 지역은 매우 순수한 패턴을 보인다. 선호 면적에 압도적으로 몰리고(전용면적 59㎡), 선호타입에 압도적으로 몰린다(판상형). 시간이 흐를수록 판상형과 타워형의 가격차이는 희석된다는 내용의 강의를 들은 후 이를 적용한 수강생은 59B 다입을 선택했다. 낙첨보나 당첨이 쉬운 경쟁률인 1.52:1를 뚫고 당첨되었다. 전용면적 85㎡ 이하 추첨제 60%, 전매제한 6개월이라는 구리시 청약 이점까지 파악한 기분 좋은 당첨이었다.

구리 수택 이편한세상의 청약결과표

구리 수택 이편한세상					
주택형	공급세대	접수건수	경쟁률	가점 최저	가점 최고
59A	147	1,183	8.05	**59**	70
59B	54	82	1.52	**33**	63
74	97	412	4.25	**53**	76
84A	123	490	3.98	**46**	69
84B	146	214	1.47	**32**	64

2017년 5월 기준

청약·분양권 전문가가 알려주는 아파트 청약 당첨 전략

35세 인서울 청약의 법칙

초판 1쇄 2018년 5월 25일
초판 5쇄 2020년 1월 30일

지은이 월용이(박지민)
책임편집 권병규
마케팅 김형진 김범식 이진희
디자인 김보현 이은설

펴낸곳 매경출판㈜ **펴낸이** 서정희
등록 2003년 4월 24일(No. 2-3759)
주소 (04557) 서울시 중구 충무로 2(필동1가) 매일경제 별관 2층 매경출판㈜
홈페이지 www.mkbook.co.kr
전화 02)2000-2631(기획편집) 02)2000-2636(마케팅) 02)2000-2606(구입 문의)
팩스 02)2000-2609 **이메일** publish@mk.co.kr
인쇄 · 제본 ㈜M-print 031)8071-0961
ISBN 979-11-5542-849-8(03320)

책값은 뒤표지에 있습니다.
파본은 구입하신 서점에서 교환해 드립니다.

이 도서의 국립중앙도서관 출판예정도서목록(CIP)은 서지정보유통지원시스템 홈페이지(http://seoji.nl.go.kr)와
국가자료공동목록시스템(http://www.nl.go.kr/kolisnet)에서 이용하실 수 있습니다.
(CIP제어번호: CIP2018013389)